French AS | pour AQA

élan 1

Teacher Book

OXFORD

OXFORD
UNIVERSITY PRESS

Great Clarendon Street, Oxford OX2 6DP

Oxford University Press is a department of the University of Oxford.

It furthers the University's objective of excellence in research, scholarship, and education by publishing worldwide in

Oxford New York Auckland Cape Town Dar es Salaam
Hong Kong Karachi Kuala Lumpur Madrid Melbourne
Mexico City Nairobi New Delhi Shanghai Taipei Toronto

With offices in
Argentina Austria Brazil Chile Czech Republic France
Greece Guatemala Hungary Italy Japan South Korea
Poland Portugal Singapore Switzerland Thailand
Turkey Ukraine Vietnam

Oxford is a registered trade mark of Oxford University Press
in the UK and in certain other countries

British Library Cataloguing in Publication Data

Data available

ISBN 978 019 912926 3

10 9 8 7 6 5 4

Printed by Bell & Bain Ltd., Glasgow

Paper used in the production of this book is a natural, recyclable product made from wood grown in sustainable forests. The manufacturing process conforms to the environmental regulations of the country of origin.

Contents

Symbols used in this Teacher's Book:

 Listening material available on CD

F 12   Worksheets on the *élan Resource and Assessment OxBox CD-ROM*

Summary of unit contents

Introduction

The course

Welcome to *élan 1 for AQA*!

élan 1 for AQA is the first stage of a two-part French course written to match the new AS and A2 specifications for AQA. It has been written by a team of experienced authors, examiners and practising teachers and is suitable for a wide range of learners.

Rationale

The aims of *élan 1 pour AQA* are:
- to provide thorough coverage of the AS specification for AQA and prepare students for the AS exams
- to provide material suitable for AS students of all abilities to ease the transition from GCSE to AS level
- to provide comprehensive grammatical coverage and practice of the exam specification grammatical content
- to help students develop specific learning strategies, for example dictionary skills, independent study, vocabulary learning and pronunciation techniques
- to enable students to take control of their own learning by means of learning strategies, reference and revision sections, study skills and opportunities for independent study
- to encourage success by providing clear objectives and by practising language via activities with a clear purpose.

The components of *élan 1 pour AQA*

Student Book

The Student Book is the complete handbook for advanced level studies, providing a comprehensive and integrated programme of teaching, practice, revision and reference for students. This book contains the following sections:

Passerelle

This initial unit bridges the gap between GCSE and AS level by providing revision of key language and grammar and focusing on topics that should be familiar to students from their previous learning.

It also introduces students to the layout of the Student Book and the types of activity they will encounter in **élan**.

Unités 1–12

There are 12 units on different topics. Each unit has been planned to be interesting and motivating, as well as to develop relevant strategies and skills for independent study and preparation for exams. An outline of the content of each unit is given on pages 4–5 of this book.

Exam Practice

At the back of the Student Book there are listening, speaking, reading and writing activities, aimed at providing AQA exam practice of the language of each block of three units. In addition, there are twelve assessments on the élan Resource and Assessment OxBox CD-ROM.

Grammar

This detailed reference section at the back of the book complements the grammar explanations given within the body of the Student Book. All explanations are in English so that students are able to use this section independently.

Vocabulaire

This French-English glossary contains selected words from the Student Book.

Teacher Book

Detailed teaching notes for each unit are provided. These notes include:

- suggestions for using the material in the Student Book, including the exam practice section
- answers to activities, including possible answers where appropriate
- transcripts for all recorded material
- notes on when to use the worksheets and assessment within each unit.

Resource & Assessment OxBox CD-ROM

There are worksheets and assessments for every unit on the Resource & Assessment OxBox CD-ROM to give further practice on learning skills, grammar, listening, reading, speaking and writing.

Grammar Workbook

This 96-page Workbook contains thorough revision and practice of grammar covered in the Student Book, with an answer booklet for self-marking. The Student Book contains page references to the Workbook where it can most appropriately be used.

Audio CDs

The audio CDs provide the listening material to accompany the Student Book, worksheet and assessment material. The scripted material was recorded by native French speakers. All CDs may be copied within the purchasing institution for use by teachers and students.

CD contents

CD 1: 0 Passerelle – Unité 6
CD 2: Unité 7 – Exam Practice
CD 3: Worksheets and Assessment (OxBox CD-Rom)

Features of an *élan* unit

Unit objectives

Each unit begins with a list of topics with page references to their place in the unit. There are also objectives in English that provide clear information to students about what they will learn in the unit, including grammar and skills. The first page of each unit contains a visual stimulus and some activities to introduce the theme of the unit.

Core double-page spreads

Each of the three or four core double-page spreads begins with one or two questions to pinpoint what students will learn. Activities in all four skills are included on each double-page spread, leading to a productive spoken and written task at the end of the spread.

Expressions-clés

These boxes provide key phrases for students to use in their written and spoken outcome tasks.

Grammaire

Most double-page spreads feature a *Grammaire* box, focusing on a key grammar point. The explanations and instructions in these sections are in English, enabling students to use them independently. Activities are provided to reinforce each grammar point, and examples are included in texts on the double-page spread so that students have an opportunity to see the grammar point in practice. There are also cross-references to pages in the grammar reference section and the Grammar Workbook.

Compétences

These boxes provide practical skills advice and language-learning tips in English, with activities enabling students to put the advice into practice. They are ideal for self-study and are intended to improve aspects of students' performance and help them develop as independent learners.

Grammaire active

This page (after the final double-page spread of each unit) provides additional activities to reinforce or extend key grammar points from the unit.

Vocabulaire

Each unit has a list of spread-by-spread key vocabulary for students to refer to as they work their way through the course.

Extra

At the end of each unit there is an advanced reading or listening text which develops further the theme and grammar of the unit and is particularly aimed at A–A* students. Many of these pages also include a *Compétences* box to help students explore higher level issues of comprehension and language use.

Exam practice

This section at the back of the Student Book provides revision practice with exam-style questions to help students prepare for their AQA AS exam.

élan 1 pour AQA and the new AS and A2 specifications

élan pour AQA is a structured two-part course intended for use over two years' study and has been written to follow the revised AS/A2 specifications for AQA. There are 12 units in *élan 1 pour AQA*, written to match the content of the revised AS specifications (for first teaching from 2008). The style and content of the activities would also be appropriate for use with other exam specifications.

Grammar

élan 1 pour AQA provides complete coverage of the AS prescribed grammar content. The deductive approach on the Student Book pages and the extensive practice provided in the Grammar Workbook ensure that students are able to master all aspects of language structure required at this level.

Introduction

Assessment

The assessment material in *élan 1 pour AQA* has been written to match the style of the AQA exam board. Practice in tackling exam-style questions is provided both in the Exam Practice section at the back of the Student Book and on the Resource & Assessment CD-ROM.

Key skills

The table below provides an overview of key skills coverage in *élan 1 pour AQA*. It shows where there are opportunities to develop and/or assess some or all of the criteria for each key skill at level 3.

The following notes provide examples of how each key skill may be developed or assessed through the activities in *élan 1 pour AQA*:

Communication

Teachers should note that, although the study of a modern foreign language helps students to develop their communication skills, *the evidence for this Key Skill must be presented in English, Irish or Welsh.*

élan 1 offers opportunities for practising and developing communication skills rather than for generating assessed evidence.

For this key skill, students need to:
1a Take part in a group discussion
All *élan 1* units provide opportunities for students to discuss topics in pairs, small groups or as whole-class activity.

1b Make a formal presentation of at least eight minutes
Many of the topics covered in the coursebook provide a suitable basis for a presentation. See also the *Compétences* section in Unit 4, which provides specific guidance on speaking from notes. Students should be encouraged to support their presentations using visuals (e.g. OHP transparencies, photographs, brochures, etc.), PowerPoint, audio clips and other appropriate material.

2 Read and synthesise information from at least two documents about the same subject
élan 1 provides reading material on a wide range of topics, with activities designed to help students identify main points and summarize information. Students are also encouraged to undertake wider reading when researching information for productive spoken and written work. Their wider reading might include newspapers, magazines, books, publicity material, and Internet sources.

3 Write two different types of document
Opportunities exist throughout *élan 1* for students to attempt extended writing in a variety of styles, e.g. reports, essays and creative material on a wide range of themes, a film review, a biography, publicity material, informal and formal letters, etc.

Application of number

Although it may not be within the scope of a modern foreign language course to generate sufficient evidence to assess this key skill, *élan 1* does provide opportunities for students to develop their ability to work with numbers. Numbers feature in most units.

The table indicates only those units where students are involved in interpreting or commenting on statistics.

Information and communication technology

Students need to be able to:

1 search for and select information
2 enter and develop the information, and derive new information
3 present combined information such as text with image, text with number, image with number

Many *élan 1* units provide opportunities for students to develop aspects of this key skill. Criteria 1–3 (listed above) can be combined in a single extended piece of work in activities such as the following:

♦ Passerelle, page 11, activity 5: Students research a French invention using the Internet, then present the information to the class.
♦ Unit 5, page 59, activity 4: Students use the Internet to find out about a musician or singer of their choice. They then present the information to the class, for which they could use visual stimuli, produced using desktop publishing.
♦ Unit 9, page 103, activities 6a and 6b. Students research English and French holiday trends, including green tourism, and compare the results. They then write an article about the pros and cons of tourism which they could do using a word-processing package.

Working with others

All *élan 1* units provide opportunities for students to work together, either in a one-to-one situation or as part of a group. These opportunities may take the form of interviews, discussions, debates and surveys, or they may involve students in a more creative activity such as producing an advertisement or a PowerPoint presentation, or inventing a role-play.

The following example shows how a group task can be developed and expanded in order to become a suitable means of assessing this key skill:

Unit 12, page 131, activity 6: Students work in groups to conduct a debate on marriage:

1 They begin by dividing into two groups and preparing arguments for and against marriage.
2 Once they have prepared their arguments, they conduct the debate, using the *Expressions-clés* phrases and the guidance provided in the *Compétences*. The *Compétences* will aid them in structuring their debate and provides suggestions for preparing their arguments.
3 After completion of the task, students can review their work, sharing constructive feedback and agreeing on ways to improve collaborative work in future.

Improving own learning and performance

Students are required to:

1 set targets and plan how these will be met
2 take responsibility for own learning and use plans to help meet targets and improve performance
3 review progress and establish evidence of achievements

All *élan 1* units provide opportunities to meet these criteria through:

- **Clear objectives and means of reviewing progress**
  Each unit begins with a list of objectives, providing clear information to students about what they will learn in the unit, including grammar and skills. Students should also be encouraged to set their own personal targets relating to aspects of their performance that they want to improve, with an action plan showing how they intend to achieve the targets and how they will assess their progress.

- **Strategies for improving performance**
  All *élan 1* units include *Compétences* sections, which suggest strategies and activities to help students develop as independent learners and improve aspects of their own performance. Strategies range from specific listening, speaking, reading and writing advice to tips on using dictionaries effectively and suggestions on recording and learning new language.

Problem solving

Although a modern foreign language course may not generate sufficient evidence to assess this key skill, it does provide opportunities to practise and develop problem-solving skills. For example, if students are encouraged to 'work out' new language for themselves and take responsibility for their own learning instead of relying on teacher support, they develop problem-solving skills.

All *élan 1* units provide opportunities for students to do this. In particular, the *Compétences* sections encourage students to become more independent in their language learning.

Information and communications technology

These notes provide a few examples of ways to use ICT with *élan 1*. For more detailed information and practical help and ideas on the use of ICT in the modern foreign languages classroom, you may find the following helpful:

- Becta (British Educational Communications and Technology Agency): www.becta.org.uk
- CILT (The National Centre for Languages): www.cilt.org.uk
- Languages ICT: www.languages-ict.org.uk

Internet

Note on Internet safety: before using the Internet with students, whether for online communication, the creation of web pages and blogs, or for research purposes, it is vital to be aware of safety issues. Guidance on this can be obtained from Becta (see website above).

Online communication

If your school has links with a partner school in a French-speaking country, the Internet offers a range of ways in which your students can communicate with their French counterparts, e.g. email, instant messaging, chat rooms, noticeboards and forums, audio- and video-conferencing, web pages and blogs. These enable the exchange of a wide range of information. They are extremely useful for motivating students, encouraging spontaneous communication and generating a source of additional teaching and learning material.

Introduction

The creation of web pages and blogs (e.g. to be viewed by a partner school in a French-speaking country) provides students with a sense of purpose, since they are writing for a real audience. There are many opportunities in *élan 1* where online communication can be used to enchance the work of a unit, e.g.

♦ Unit 5, pages 58–59: As a follow-up to work on French music and singers through the years, students could exchange ideas with a French partner class.
♦ Unit 8, page 83: Use the quiz questions as a stimulus for a health and lifestyle survey with a French partner class.
♦ Unit 12, page 130: Conduct a survey about marriage with a French partner class.

Internet research

The internet can be a valuable research tool, giving both teachers and students easy access to authentic reading materials and cultural information about French-speaking countries. Opportunities for students to research on the internet occur throughout *élan*. Themes include:

♦ Passerelle, pages 8–9: Students use the Internet to find out more information about other French-speaking countries.
♦ Unit 5, page 59, activity 4: musicians/singers
♦ Unit 7, page 75, activity 6: fun sports
♦ Unit 8, page 85, activity 7: alcohol and smoking
♦ Unit 9, page 95, activity 1: Paris-plage.

Word-processing and text manipulation

Word-processing software allows text to be presented in a variety of forms that can be easily edited and manipulated. This makes it easier for students to experiment with language and to draft and redraft their work. Any written task can be completed on the computer, e.g.

♦ Unit 3, page 39, activity 4: Students write a paragraph about the Internet.
♦ Unit 5, page 57, activity 4: Students write a magazine article about the importance of music in popular culture.
♦ Unit 8, page 85, activity 6: Students write an opinion piece on smoking and alcohol.
♦ Unit 8, page 87, activity 5: Students write a problem letter to a magazine.
♦ Unit 9, page 103, activity 6b: Students write article about positive and negative aspects of tourism.
♦ Unit 11, page 126, activity 3: Students write a description of a day spent with a friend.

Desktop publishing

Desktop publishing software enables students to design sophisticated documents involving complex layout of text, clip art, digital photos and scanned images, e.g. brochures, posters and articles. Opportunities for students to use desktop publishing in *élan 1* include:

♦ Unit 3, page 39: Produce a brochure about safe Internet use.
♦ Unit 1, page 19, activity 5: Students produce a magazine article explaining "the television of the future" for the older generation.
♦ Unit 7, page 79, activity 5a: Produce a leaflet informing teenagers about the importance of sport and exercise.

Databases and spreadsheets

Data-processing software allows text- and number-based information gathered by students to be entered into a database then sorted and analysed in different ways; spreadsheet software is more suitable for dealing with number-based data.

Opportunities to use these in *élan 1* include:

♦ Unit 5, page 53, activity 2a: After doing the survey on the class's music-listening habits (activity 2a), students could compile a database and table of the results, then discuss the figures with reference to the *Compétences* section in Unit 12 on 'Talking about statistics'.
♦ Unit 12, page 128: Students use the survey in activity 2 as a basis for a class survey and use the results to generate further language work.

Presentation software

Presentation software (e.g. PowerPoint) allows students to create multimedia 'slides' combining text, images, sound and video clips, active links to web pages, animations etc. These can be displayed to the whole class via a data projector and wall screen or interactive whiteboard. Themes for oral presentations in *élan 1* include:

♦ Unit 3, page 37, activity 2: advantages and disadvantages of mobile phones.
♦ Unit 5, page 59, activity 4: famous musicians.
♦ Unit 2, page 27, activity 4b: presenting a product.
♦ Unit 6, page 67, activity 2a: fashion.

0 Passerelle

Unit objectives

By the end of this unit students will be able to:

♦ Describe the area they live in
♦ Speak about themselves in some detail
♦ Explain more about France and all things French

Grammar

By the end of this unit students will be able to:

♦ Use the infinitive
♦ Use the present tense
♦ Use high numbers
♦ Use the correct gender for nouns

Aux quatre coins de France

pages 6–7

Planner

Grammar focus

♦ The infinitive

Key language

♦ *J'habite* à + ville.
♦ *C'est une (ville/région) (historique/moderne/ dynamique).*
♦ *Ce n'est pas…*
♦ *Il y a la mer, les plages…*
♦ *Il n'y a pas d'industries…*
♦ *Je vais/J'espère/Je voudrais/J'aimerais + infinitif (aller, rester, quitter…).*

Resources

♦ Student Book pages 6–7
♦ CD 1 tracks 2–3
♦ Grammar Workbook page 32

---

 1 Students read and listen to the accounts given by Agnès and Jean-Louis about where they live. For each person, they answer three questions: *Où habites-tu? C'est comment, là où tu habites? Penses-tu rester dans ta région?*

Answers:
Agnès:

a *J'habite à Nantes, au centre-ville.*
b *La ville est à la fois historique et moderne, jeune et vivante. On y trouve beaucoup de choses à faire et à voir. C'est une région très agréable, calme mais intéressante.*
c *Je vais aller à l'université ici et plus tard, j'espère travailler ici.*

Jean-Louis:

a *J'habite une ferme près d'une petite ville de Corrèze.*
b *C'est une région très rurale, sans industrie.*
c *Après avoir fait mes études agricoles à Limoges, je voudrais revenir en Corrèze.*

CD 1 track 2   **p. 7, activité 1**

Agnès Gauthrot

J'habite à Nantes, en Loire-Atlantique. C'est une ville de 500 000 habitants, à la fois historique et moderne: il y a de vieux quartiers mais aussi des industries et une université.

C'est une ville jeune et vivante: il y a beaucoup de choses à faire et à voir. J'habite au centre-ville, c'est pratique pour sortir. Je vais souvent au théâtre, au cinéma et à des concerts.

La région est très agréable: on est entre la mer et les plages de Bretagne et la campagne et les châteaux du Pays de la Loire! C'est une région calme mais intéressante.

L'année prochaine, je vais à l'université ici et plus tard, j'espère travailler à Nantes. Moi, je suis bien ici!

Jean-Louis Murel

J'habite une ferme à côté de Meymac, une petite ville de Corrèze. C'est une région très rurale, avec des forêts, des lacs et plus de vaches que d'habitants! Il n'y a pas d'industrie ici alors les gens partent. Il reste quelques agriculteurs, des artisans et des touristes l'été!

J'aime la campagne, me promener avec mes chiens, pêcher, travailler dans les champs avec mon père.

Vivre ici n'est pas toujours facile: les hivers sont froids et on ne sort pas beaucoup. Il n'y a pas d'activités pour les jeunes. Mais j'aime ma région et je veux y rester.

Je vais partir faire des études agricoles à Limoges et après, je voudrais reprendre la ferme de mes parents. Quitter la Corrèze? Jamais!

---

 2 Students listen to Yousra and Hervé and note their answers. The questions are the same as those in activity 1.

Answers:
Yousra:

a *J'habite à Mimet, au nord de Marseille, en Provence.*
b *Mimet est un village agréable et les paysages sont magnifiques. Provence est la plus belle région de la France.*
c *Après avoir fait mes études à Paris, je voudrais revenir en Provence.*

Hervé:

a *J'habite à Lille, une grande ville du Nord.*

b *C'est une région dynamique et industrielle, mais il pleut assez souvent.*

c *Après avoir fait mes études à Lille, je voudrais soit rester dans ma région, soit partir en Angleterre.*

CD 1 track 3 p. 7, activité 2

Yousra Benbera

– Où habites-tu?

– Depuis un an, j'habite à Mimet, au nord de Marseille mais avant, on habitait dans la banlieue marseillaise.

– C'est comment, là où tu habites?

– Eh ben, Mimet est un village agréable, les paysages tout autour sont magnifiques, les gens sont sympas mais personnellement, je préfère la vie en ville. Marseille me manque! C'est la deuxième grande ville de France après Paris. C'est une ville cosmopolite, dynamique et très vivante. Pour moi, habiter en Provence, c'est une chance. C'est la plus belle région de France! Il y a la mer, la montagne, la campagne et surtout le soleil! En plus, elle ressemble un peu au pays de mes parents, la Tunisie!

– Penses-tu rester dans ta région?

– Je voudrais d'abord aller faire mes études à Paris parce que j'ai envie de connaître la vie dans la capitale. Après, oui, effectivement, je voudrais revenir travailler en Provence.

Hervé Langlais

J'habite à Lille. C'est la grande ville du Nord, avec plus d'un million d'habitants.

La région du Nord n'attire pas en général. On imagine une région industrielle, triste, où il pleut souvent. En fait, c'est une région très sympa, très dynamique, même s'il pleut! Il y a beaucoup de choses à faire pour les visiteurs et avec l'Eurostar, c'est pratique.

Les gens ici ont la réputation d'être tristes. C'est faux! Sortir, se retrouver pour faire la fête, on adore ça! Il y a beaucoup d'associations et de festivals.

L'année prochaine, je vais faire des études à l'université de Lille. J'aimerais devenir prof et rester dans ma région, ou alors partir en Angleterre. Ce n'est pas loin!

---

3 Students ask their partner the three questions from activity 1 and make a note of the answers.

4 Using the texts as a model, students write a short description of their own region.

Grammaire

The infinitive

This section reminds students of the infinitive form of the verb, the three typical infinitive endings (*-er*, *-ir* and *-re*) and different uses of the infinitive.

A Students search the texts on pages 6–7 for examples of *-er*, *-ir* and *-re* infinitives.

Answers:

-er	*-ir*	*-re*
travailler	*voir*	*faire*
se promener	*sortir*	*vivre*
pêcher	*partir*	*reprendre*
rester		
quitter		

B Students search the texts for examples showing different uses of the infinitive.

Answers:

a **after another verb:**

j'espère travailler – I'm hoping to work
j'aime… me promener avec mes chiens, pêcher, travailler dans les champs – I like… going for walks with my dogs, fishing, working in the fields
je veux y rester – I want to stay there/here
je vais partir faire des études – I'm going to go away to study
je voudrais reprendre la ferme de mes parents – I'd like to take over my parents' farm

b **after a preposition:**

beaucoup de choses à faire et à voir – lots of things to do and see
c'est pratique pour sortir – it's handy for going out

c **on its own:**

vivre ici n'est pas toujours facile – living here isn't always easy
Quitter la Corrèze? – Leave Corrèze?

C Students write three sentences about their feelings for their own region, including examples of different uses of the infinitive.

Ici aussi, on parle français

pages 8–9

Planner

Grammar focus

♦ The present tense

Key language

♦ Numbers: 70 and above
♦ *Je m'appelle…*
  J'ai … ans.
  J'habite à…
  Je suis + nationality.
  Je parle/J'apprends + languages.
  Je vis avec + family.
  Je suis (lycéen/en première).
  Je passe (le bac).
  Je me passionne pour + hobbies.
  Je voudrais devenir + job.
  J'aimerais + future hopes.

Resources

♦ Student Book pages 8–9
♦ CD 1 tracks 4–5
♦ Grammar Workbook page 32

 1a Students read and listen to an article about French Polynesia. They fill in the missing numbers, choosing from the figures provided.

French Polynesia is officially a part of France and its inhabitants consider themselves as French. In 1946 it became a T.O.M. (Territoire d'outre-mer). Today it is known as a P.O.M (Pays d'outre-mer de la République Française).

Answers:
1 *18 000*
2 *4 000*
3 *130*
4 *210 000*
5 *1880*
6 *1946*
7 *1987*

CD 1 track 4	p. 8, activité 1a

1   La Polynésie française se trouve dans le Pacifique, à 18 000 kilomètres de la France métropolitaine et à 4 000 kilomètres de la Nouvelle-Zélande. C'est un P.O.M (Pays d'outre-Mer), constitué de cinq archipels.

---

2   Ces archipels de 130 îles ont environ 210 000 habitants; la grande majorité habite à Tahiti, l'île principale. La capitale est Papeete. 70% de la population est d'origine polynésienne, 11,55% européenne, 4,3% asiatique et 14,2% métisse. A Tahiti, on parle français et tahitien, qu'on étudie à l'école.

3   Au 18ème siècle, deux marins anglais, Wallis et Cook, font connaitre ces îles à l'Europe. En 1880, la France annexe l'archipel et en 1946, il devient un T.O.M: tous les habitants deviennent français. Depuis 1987, le mouvement indépendantiste se développe.

4   Pour les touristes, Tahiti a l'image d'un paradis: climat agréable, lagons, fleurs et fruits exotiques. Pour les Tahitiens, par contre, vivre ici n'est pas facile: 20% des jeunes sont au chômage, l'économie est pauvre et ne se développe pas. Depuis quelques années, des programmes d'aide européens et français encouragent l'exploitation des ressources locales (par exemple, les huitres).

1b To check gist comprehension, students choose a title for each paragraph of the article.

Answers:
 1 *c*   2 *d*   3 *a*   4 *b*

1c To show more detailed comprehension of the text, students write a sentence about each point a–d in activity 1b.

Possible answers:
a *Deux marins anglais découvrent les iles polynésiennes au 18ème siècle, la France annexe l'archipel en 1880 et il devient un T.O.M. en 1946.*
b *Tahiti a l'image d'un paradis, mais la vie est difficile pour les Tahitiens à cause du chômage et de l'économie pauvre.*
c *La Polynésie française se trouve dans le Pacifique à 18 000 kilomètres de la France.*
d *La plupart des 210 000 habitants de la Polynésie française se trouvent à Tahiti.*

2a Sammy's postcard, written mostly in the present tense, provides a glimpse into the life of a Tahitian teenager. Students copy out and complete Sammy's form using details from the postcard.

Answers:
nom: Sammy Rotua
âge: 17 ans
domicile: Tiarei
nationalité: française, d'origine polynésienne
langues parlées: français, tahitien, anglais
famille: mère, un frère, deux sœurs
occupation: lycéen
passe-temps: le sport, le boogie
projets: devenir prof de sport et travailler à Hawaii

2b Students listen to an interview with Sammy and check their answers to activity 2a.

CD 1 track 5	p. 9, activité 2b

- Bon. Alors, d'abord, ton nom? Comment t'appelles-tu?
- Je m'appelle Sammy, Sammy Rotua.
- Bien. Et tu as quel âge?
- J'ai 17 ans.
- D'accord. Et ton domicile… Tu habites où?
- J'habite à Tiarei, à 25 km de Papeete, la capitale de Tahiti.
- Quelle est ta nationalité?
- Je suis français, d'origine polynésienne.
- Et quelles langues est-ce que tu parles?
- Je parle français, tahitien et j'apprends l'anglais.
- Hmm. Combien êtes-vous dans ta famille?
- Eh bien, je vis avec ma mère, mon frère Eddy et mes petites sœurs, Laetitia et Sabrina. Mon père est mort. Mais toute ma famille est à Tiarei, alors on se voit souvent.
- D'accord. Et ta profession – qu'est-ce que tu fais, Sammy?
- Je suis lycéen à Papeete. Je suis en première. Je passe le bac l'année prochaine.
- Et quels sont tes passe-temps?
- Oh, là, là! Je me passionne pour le sport, surtout le boogie! Je m'entraine presque tous les jours depuis huit ans!
- Et quels sont tes projets?
- Je voudrais devenir prof de sport! Comme la vie est dure à Tahiti, je pars dans deux ans à Hawaii. J'aimerais rester ici parce que j'adore mon île, mais il n'y a pas assez de travail.
- Je te remercie, Sammy.
- *Nana! … Nana*, ça veut dire 'au revoir' en tahitien!
- Ah bon, alors *nana!*

2c Referring back to their notes and to the text on page 9, students build a text about Sammy. This practises the third person singular of the present tense.

Example answer:

Il s'appelle Sammy Rotua. Il a 17 ans.

Il habite à Tiarei, pas loin de Papeete, la capitale de Tahiti.

Il est français, d'origine polynésienne. Il parle trois langues: le français, le tahitien et l'anglais.

Il vit avec sa mère, son frère Eddy et ses deux petites sœurs, Laetitia et Sabrina. Son père est mort.

Il est lycéen à Papeete. Il est en première et il passe le bac l'année prochaine.

Il se passionne pour le sport, surtout le boogie.

Il voudrait devenir prof de sport et il s'entraine presque tous les jours.

Il aimerait rester à Tahiti parce qu'il adore son île. Mais il n'y a pas assez de travail, donc il part à Hawaii dans deux ans.

3 Using Sammy's form as a model, students fill out a form for their partner. They then ask their partner questions to confirm the details. This practises asking questions using the second person singular.

4 Students write a postcard about themselves, using the phrases underlined in Sammy's text as a framework.

5 Refer students to the last paragraph of Sammy's postcard, where he says *La vie est dure à Tahiti*. Ask them to consider why exactly life might be hard, e.g. *l'économie est pauvre, il y a beaucoup de chômage*. This could lead to a discussion about life in French territories.

Grammaire

The present tense

This section focuses on present tense verbs and different uses of the present tense.

A Students search the article on French Polynesia and Sammy's postcard for verbs in the present tense. They are asked to find at least one example for each type of infinitive (*-er*, *-ir* and *-re* infinitives).

Answers:

-er	-ir	-re
se trouve	ont	est
habite	devient	font
parle	deviennent	sont
étudie	a	suis
annexe	ai	apprends
se développe	se voit	vis
encouragent	pars	vit
m'appelle		prends
habite		
me lève		
passe		
me passionne		
m'entraine		
travaille		
adore		

B This activity focuses on when to use the present tense. Students match the list of different uses of the present tense (a–f) to the example sentences (1–6).

Answers:
1 *d*   2 *f*   3 *a*   4 *b*   5 *e*   6 *c*

C Students find additional examples of uses a–f in the two texts on this spread.

Answers:
Various answers are possible, e.g.

a *70% de la population est d'origine polynésienne.*
b *Je me lève très tôt le matin.*
c *Depuis 1987, le mouvement indépendantiste se développe.*
d *En 1880, la France annexe l'archipel.*
e *Je passe le bac l'année prochaine.*
f *La Polynésie française se trouve dans le Pacifique.*

C'est français!

pages 10–11

Planner

Grammar focus

♦ Genders

Key language

♦ Dates
♦ *inventer, mettre au point, avoir l'idée de, décider l'ouverture de*
♦ *Le (La) premier(ère)… vient de* + name/ person.
♦ *le premier à* + infinitive
♦ *Sans (lui), pas de (carte de crédit).*
♦ *Ceci grâce à* + name/person.
♦ *C'est l'arrière-grand-père de…*
♦ *Avec cet appareil inventé en/par…*
♦ *C'est assez pour entrer dans l'histoire de…*

Resources

♦ Student Book pages 10–11
♦ CD 1 tracks 6–7
♦ Grammar Workbook page 4

1a Students study the list of inventions and guess which three are not French.

Answers:
l'accordéon, le croissant, le téléphone portable

(Further details: the accordion and the croissant were both invented in Austria, in 1829 and 1683 respectively; the first mobile phone call is attributed to American engineer, Martin Cooper, in 1973.)

 1b Students listen to check their answers to activity 1a. They note down the date of each invention.

This recording provides an opportunity to revise high numbers and dates, and to practise French vowel sounds.

CD 1 track 6	p. 10, activité 1b

Voici la liste de quelques inventions françaises:
la première calculatrice, en 1664
le restaurant, en 1766
le parc d'attractions, en 1771
le parachute, en 1783
la boite de conserve, en 1795
le stéthoscope, en 1816
la machine à coudre, en 1830
la douche, en 1872
la poubelle, en 1884
l'hélicoptère, en 1907
le sac à dos, en 1930
le bikini, en 1946
la carte à puce, en 1974

---

 2 Students listen to the recording and read the texts on page 11. They match each audio clip to a picture of a French invention.

Answers:
1 *E* **2** *D* **3** *G* **4** *F* **5** *I* **6** *B* **7** *H* **8** *C* **9** *A*

CD 1 track 7	p. 10, activité 2

A Louis Réard, ingénieur suisse devenu dessinateur de mode, invente le maillot de bain deux-pièces. C'est très choquant à l'époque! Il faut attendre les années soixante pour voir ce maillot à la plage.

B Trois frères, Victor, Alfred et Gabriel Lafuma, inventent un accessoire essentiel pour tous les écoliers, les ados et les vacanciers: un sac solide, en toile, à porter sur le dos.

C Le premier geste écologique vient du préfet de Paris à la fin du 19ème siècle. Il impose aux Parisiens de mettre leurs déchets ménagers dans une grande boite qui prend son nom: il s'appelle Eugène Poubelle.

D L'inventeur Roland Moreno adore les gadgets et met au point une carte avec un microcircuit électronique. Sans lui, pas de carte de crédit, pas de carte téléphonique ni de carte SIM dans les portables!

E Un homme d'affaires, M. Boutin, décide l'ouverture d'un jardin de loisirs à Paris, le Tivoli, avec des manèges (réservés aux adultes). C'est l'arrière-grand-père des parcs à thème comme Disneyland!

F C'est l'accessoire préféré des personnages des séries comme *Dr House* ou *Urgences*! Avec cet appareil inventé par le docteur Laënnec, on peut écouter les bruits du cœur et des poumons.

> **G** Aujourd'hui, un Français mange plus de 50 kilos d'aliments en boite par an, ceci grâce à Nicolas Appert qui stérilise pour la première fois des aliments dans des pots en verre, pour nourrir les armées napoléoniennes.
>
> **H** Paul Cornu est le premier à décoller dans un appareil à hélices (avec une selle et quatre roues de bicyclette!) à 1,50 m du sol, pendant quelques secondes. C'est assez pour entrer dans l'histoire de l'aviation!
>
> **I** Jusqu'au milieu du 18ème siècle, un restaurant est un bouillon vendu dans la rue, une sorte de soupe qui redonne des forces. Boulanger, un vendeur de bouillon, a l'idée de servir ses clients sur des tables dans une boutique. On connait la suite!

3 In pairs, students play a game of noughts and crosses using the pictures in the grid. To win a square, they must give at least two details about the invention illustrated.

Increase the challenge of this activity by asking students to give details from memory, or by making it competitive, e.g. students have to give more information than their partner. Extend further by asking students to repeat what their partner has just said then add an extra detail, e.g.

Student A: *Le premier parc d'attractions ouvre à Paris en 1771.*

Student B: *Le premier parc d'attractions ouvre à Paris en 1771. C'est une idée d'un homme d'affaires. Euh…*

Student A: *Le premier parc d'attractions ouvre à Paris en 1771. C'est une idée d'un homme d'affaires qui s'appelle M. Boutin. Il y a des manèges.*

Student B: *Le premier parc d'attractions ouvre à Paris en 1771. C'est une idée d'un homme d'affaires qui s'appelle M. Boutin. Il y a des manèges qui sont réservés aux adultes…*

4 Students should read the notes in the *Grammaire* section before doing this activity. They look at texts A–I about French inventions and try to work out the gender of the underlined words using the *Grammaire* notes to help them.

For words whose endings aren't listed as typical masculine or feminine endings in the *Grammaire* section, encourage students to look for other clues to gender, e.g. adjective agreements.

Answers:

ingénieur (m) – (*-eur* is typical masculine ending; name of profession)

l'époque (f) – (impossible to work out the gender from the text or the ending)

accessoire (m) – (not a typical masculine ending, but agreement of *essentiel* is masculine)

déchets (m) – (the adjective *ménagers* is masculine)

ouverture (f) – (typical feminine ending)

manèges (m) – (adjective *réservés* is masculine)

personnages (m) – (typical masculine ending)

appareil (m) – (*cet* and *inventé* are masculine)

cœur (m) – (*du* is masculine)

aliments (m) – (typical masculine ending)

armées (f) – (typical feminine ending; *napoléoniennes* is feminine)

bicyclette (f) – (typical feminine ending)

5 Students research and write about another French invention or an invention from their own country, using the texts on this spread as models.

Grammaire

Genders – masculine/feminine

Students are reminded that knowing the gender of a noun can help them to:

♦ choose the correct determiner, e.g. *le/la, un/une, du/de la*, etc.
♦ use the correct pronoun, e.g. *il/elle*
♦ make appropriate agreements with adjectives and past participles.

To help students identify genders, some typical endings for masculine and feminine nouns are listed.

A Students refer to the notes on typical masculine and feminine endings to help them work out genders in the text *Le Minitel existait en France avant le Web*. Once they have established the gender of the nouns, they fill in the gaps and add any agreements necessary.

Answers:
1 *Le lancement* (masculine ending in *-ment*)
2 *la consultation* (feminine ending in *-tion*); *la messagerie instantanée* (feminine ending in *-rie*)
3 *La distribution, gratuite* (feminine ending in *-tion*); *la sécurité, garantie* (feminine ending in *-té*)
4 *L'avantage principal* (masculine ending in *-age*); *un réseau international* (masculine ending in *-eau*)

Grammaire active

page 12

Planner

Grammar focus
♦ The present tense

Resources
♦ Student Book page 12

The present tense

This section focuses on use of the present tense, and reminds students of regular present tense endings. It points out that tenses are not necessarily used in the same way in French as they are in English.

1 Students write a short paragraph about themselves, covering four different uses of the present tense:

A to speak generally about themselves;

B to say what they are doing now;

C to say what they do regularly;

D to say what started in the past, is still going on and is likely to continue into the future.

2 Students read and translate an email containing examples of differing uses of tenses in French and English. The French text uses the present tense throughout, whereas a range of tenses is required in the English translation.

Answers:

Hello Amy, it's Claire!

This is the first email I've written to you in a long time! You know that I've been playing the violin since I was five years old? Well, now I live in Paris and I've been studying at the Conservatoire for two years!

I play regularly in a string quartet. At the moment, we're rehearsing to give a new recital in a month's time. And guess where? In London! I'll be arriving on 5 October.

It will be the first time I've played abroad. It's great! I've been waiting for this moment for a long time!

Shall we meet up in London in a café?

3 Students list as many verbs as possible that have the present tense endings shown in the *Rappel* box.

4 Students translate the English sentences into French. This activity shows that all these sentences can be translated by the present tense in French, even though the present tense isn't necessarily used in English.

Answers:

a *Je vais au cinéma une fois par semaine.*

b *Je vois ma copine/mon amie Katya demain.*

c *Nos devoirs sont finis. Qu'est-ce que nous faisons maintenant?*

d *Je connais Marie depuis janvier.*

e *Ils attendent leurs résultats d'examen depuis longtemps.*

Unité 1 La télévision

Unit objectives

By the end of this unit students will be able to:
- ♦ Talk about television programmes
- ♦ Discuss the benefits and dangers of television
- ♦ Talk about current and future TV viewing habits and developments in television

Grammar

By the end of this unit students will be able to:
- ♦ Use definite and indefinite articles
- ♦ Use different negatives
- ♦ Use adjectives
- ♦ Use verbs + infinitive

Skills

By the end of this unit students will be able to:
- ♦ Express opinions, agreement and disagreement
- ♦ Make effective use of a wide variety of vocabulary and a range of complex structures

page 13

1a Students look at the programme titles and, using the bullet points for guidance, discuss in pairs: which they recognise; what type of programme it is; which they would like to watch and why; what is their favourite type of programme; whether they find there are too many or too few of particular types of programmes on television. They are asked to give examples, and referred to page 21 for vocabulary reminders.

 1b Students listen to five young people describing a television programme, and decide from those shown which is referred to in each case.

Answers:
a *Les Simpson*	**b** *File-moi ta recette*
c *100% Foot*	**d** *Journal France 2*
e *Échappées belles*	

CD 1 track 8 p. 13, activité 1b

1 C'est mon dessin animé préféré. Il s'agit d'une famille et de sa vie quotidienne, mais tout est présenté sur un ton un peu ironique.

2 On voit des gens qui cuisinent, qui préparent quelque chose d'un peu différent et on peut noter les ingrédients et voir comment ça se fait.

3 C'est une émission pour les vrais fanas, où on ne voit pas seulement les matchs, mais aussi des interviews avec des joueurs et d'autres experts.

---

4 Ce sont les informations qu'on présente chaque soir. Cela informe et explique ce qui se passe dans le monde.

5 Il s'agit des voyages. On choisit un coin du monde et on explique ce qu'il y a à faire là-bas. C'est intéressant si on pense partir en vacances.

1c Students write a short description in French of a television programme, using the written texts as models, and then read it out. Other students in the class try to guess which programme they are describing.

Les émissions de télévision

pages 14–15

Planner

Grammar focus
- ♦ Definite and indefinite articles
- ♦ Negatives

Skills focus
- ♦ Expressing opinions

Key language
- ♦ *un documentaire, un dessin animé, une émission politique/sportive, un feuilleton, les jeux, un journal (télévisé), un polar, un quiz, la météo*
- ♦ *en direct*

Resources
- ♦ Student Book pages 14–15
- ♦ CD 1 track 9
- ♦ *Feuilles de travail* 1.1 and 1.5, CD 3 track 2
- ♦ Grammar Workbook pages 6 and 68

---

1 As a starter activity, students work in pairs, then as a class, trying to name different types of TV programme in French.

 2a In this text, six French teenagers talk about TV programmes they like and dislike. The text is printed in the Student Book and introduces the key grammar and language for this topic.

Students listen to the recording without looking at the printed text. They write down in French (or English) what type(s) of programme each speaker likes and dislikes.

Answers:

Elodie: *adore les feuilletons, n'aime pas du tout les documentaires*

Antony: *aime les émissions de sport, déteste les jeux*

Thomas: *aime les jeux et les quiz, ne regarde pas les téléfilms et les feuilletons*

Nicolas: *aime les films, surtout les polars et les films d'action, ne regarde plus les dessins animés (sa petite sœur adore les dessins animés)*

Marion: *adore les programmes de télé-réalité, ne regarde jamais les émissions politiques/sportives*

Julie: *regarde toujours le journal télévisé, aime les documentaires/quelquefois les films, a horreur de la télé-réalité*

CD 1 track 9   **p. 14, activités 2a et 2b**

Elodie
Moi, personnellement, j'adore les feuilletons, parce que je trouve qu'ils représentent bien la vie quotidienne et parce que je m'identifie avec les personnages et leurs problèmes. Je n'aime pas du tout les documentaires; quand j'allume le poste le soir, c'est parce que j'ai envie de me détendre.

Antony · 27
Je me passionne pour le sport, donc ce sont les émissions de sport en direct qui m'intéressent le plus. J'apprécie le fait que la télévision nous donne la possibilité de voir de nouveaux sports, comme par exemple, le surf ou le poker. Ce que je n'aime pas? Je déteste les jeux!

Thomas · 50
Je trouve les jeux et les quiz très amusants. J'aime bien essayer de répondre aux questions moi-même, car il me semble qu'on apprend beaucoup tout en s'amusant. Je ne regarde ni les téléfilms ni les feuilletons; je trouve que les personnages sont irréalistes et trop exagérés.

Nicolas 1.10
Moi, je ne regarde que les films à la télévision. J'aime surtout les polars et les films d'action – on n'a plus besoin d'aller au cinéma! Ma petite sœur adore les dessins animés, mais moi, je ne les regarde plus. S'il n'y a pas un bon film le soir, je ne regarde rien d'autre.

Marion 1.33
Comme tous mes amis, j'adore les programmes de télé-réalité, qui sont, à mon avis, passionnants. On ne sait jamais ce qui va arriver! Je préfère les émissions où l'on met plusieurs candidats en compétition et on voit comment ils réagissent sous pression. J'avoue que je ne regarde jamais ni les émissions politiques ni les émissions sportives; je considère la psychologie des gens beaucoup plus intéressante!

Julie 2.02
Je regarde toujours le journal télévisé, car je pense qu'il est important de savoir ce qui se passe dans le monde. A part ça, j'aime les documentaires et quelquefois les films aussi. Mais j'ai horreur de la télé-réalité, qui ne représente pas du tout la réalité, à mon avis, et qui exploite les gens.

2b Students listen again and follow the text to check their answers.

3a Students match statements with speakers.

Answers:

a *Antony*   **b** *Thomas*   **c** *Julie*

d *Elodie*   **e** *Marion*

Nicolas : Bourne Identity

3b Students suggest a programme which would appeal to the remaining person, Nicolas (an action film or thriller).

3c Students decide which character would dislike each of the programmes described in 3a.

Answers:

a *Marion*   **b** *Antony*   **c** *Elodie*

d *Thomas*   **e** *Julie*

3d Students choose three phrases from the text to express their own opinions of types of TV programme.

Grammaire

Definite and indefinite articles

Students are reminded that definite and indefinite articles, often omitted in English, are important in French, e.g. *J'aime les films* – I like films; *Les jeux sont amusants* – Game shows are fun; *J'ai regardé des dessins animés* – I watched (some) cartoons.

A Students look back at the texts studied so far in this unit and in the *Passerelle* unit. They find three examples of definite and indefinite articles used in French where they would not be used in English.

4a Students search the texts on page 14 for different ways to express opinions in French.

4b Students match sentence halves to practise using different verbs to express opinions.

Answers:

1 *c*   **2** *a*   **3** *e*   **4** *b*   **5** *d*

5 Students work with a partner to ask each other for opinions about different types of TV programme using model question structures and language from the texts and previous activities.

6 Students write a short paragraph giving their opinions of TV programmes, incorporating language from the texts and previous activities.

Grammaire

Negatives

This section reminds students of the use of *ne ... pas* (not) around the verb (*n'... pas* before a vowel) and provides a list of other negative expressions: *ne ... jamais, ne ... rien, ne ... plus, ne ... que* and *ne ... ni ... ni.*

A Students list all the negative phrases used in the texts on page 14 and note their English meanings, e.g. *Je ne regarde jamais* – I never watch.

B Students translate negative sentences into French.

Answers:

1 *Je n'aime plus les dessins animés.*

2 *Je ne regarde que les documentaires.*

3 *Je ne comprends rien.*

4 *Je ne regarde ni les jeux ni les feuilletons.*

F 1.1 A more challenging listening activity based on the French reality TV show *Secret Story* is provided on *Feuille de travail 1.1.*

Compétences

Expressing opinions

Students are given advice on using a variety of verbs to express opinions.

They are reminded to avoid overuse of *j'aime* and *je n'aime pas* and to make these more interesting by adding qualifiers, e.g. *j'aime bien, j'aime surtout, j'aime beaucoup, je n'aime pas du tout.*

More able students can begin to refer to other people's opinions as well as their own, e.g. *Beaucoup de téléspectateurs pensent que..., Tous mes amis croient que..., Mon frère trouve que...*

A Students rewrite sentences, starting each one with an opinion phrase from the list they made in activity 4a.

A useful lesson starter to reinforce these expressions uses similar statements on small cards. Students choose a card and read it out with an introductory phrase such as *Je trouve que...*

F 1.5 *Feuille de travail* 1.5 provides further activities to practise expressing opinions.

L'influence de la télévision

pages 16–17

Planner

Grammar focus

♦ Adjectives

Skills focus

♦ Expressing agreement and disagreement

Key language

♦ *j'ai horreur de, j'aime bien, je considère que, je m'intéresse à, je pense que/je crois que/je trouve que, je suis d'accord que, je suis d'avis que, je suis pour/contre*

♦ *aborder un sujet, allumer la télé, créer des consommateurs matérialistes, devenir isolé/obèse/dépressif, diffuser, être bien informé, informer/exploiter (les spectateurs), passer du temps devant l'écran, rendre (un enfant) agressif, s'amuser, se détendre, se passionner pour, se sentir détendu*

Resources

♦ Student Book pages 16–17
♦ CD 1 track 10
♦ *Feuilles de travail* 1.2 and 1.3
♦ Grammar Workbook page 8

1a Students read the nouns on the graffiti wall relating to the effects of television and identify the five positive effects.

Answers:
détente, information, culture, bonheur, éducation

1b Students read for gist ten statements about the influence of television on young people and decide whether each is positive or negative.

Answers:
Affirmations positives: 3, 6, 9, 10
Affirmations négatives: 1, 2, 4, 5, 7, 8

1c Students reread statements 1–10, focusing on adjectives. They list the nouns from the graffiti wall which are referred to in each statement.

Answers:

1 *isolement, asociabilité*

2 *vulgarité*

3 *culture*

4 *inactivité, obésité*

5 *matérialisme*

6 *éducation*

7 *dépression*

8 *violence, agressivité*

9 *détente, bonheur*

10 *information*

1d Students identify the quality on the graffiti wall which is not referred to specifically in statements 1–10.

Answer:
passivité

1e Students say whether they agree or disagree with statements 1–10. Refer them to the *Compétences* box on page 17 for key phrases. Working in pairs, one student reads a statement aloud, the other responds with *Je suis d'accord. Moi aussi, je pense que...* or *Je ne suis pas d'accord. Je trouve que...*

1f Students list the nouns from the graffiti wall and match them with adjectives from statements 1–10.

Answers:

l'isolement (m) – isolé

l'asociabilité (f) – asocial

la vulgarité – vulgaire

la culture – culturel

l'inactivité (f) – inactif

l'obésité (f) – obèse

le matérialisme – matérialiste

l'éducation (f) – éducatif

la dépression – dépressif

la violence – violent

l'agressivité (f) – agressif

la détente – détendu

le bonheur – heureux

l'information (f) – informé

la passivité – passif

2a Five speakers give their opinion on whether television is a good or bad influence on young people. Students listen to the recording and decide whether each opinion is positive or negative.

Answers:

1 *positive* 2 *négative* 3 *négative*
4 *positive* 5 *positive*

CD 1 track 10   p. 17, activités 2a et 2b

  – Trouvez-vous que la télévision ait une bonne ou mauvaise influence sur les jeunes?

1 Antoine, professeur
J'aimerais particulièrement mentionner *C'est pas sorcier*, une émission régulièrement regardée par mes élèves. Derrière une façade humoristique, les présentateurs arrivent à faire passer des explications scientifiques. Mes élèves aiment le ton vivant de cette émission.

.37 **2 Louise, mère de famille**
Je ne suis pas le seul parent de ma localité à déplorer la pauvreté de la qualité des programmes que l'on diffuse actuellement à la télévision. Je veux surtout parler des actes de violence de plus en plus sophistiqués que l'on peut voir à toute heure et sur toutes les chaines.

1.01 **3 Suzanne, mère de famille**
Il me semble qu'il y a un excès d'émissions où le vocabulaire se limite à des insultes et à des vulgarités et où les relations entre les personnages démontrent une agressivité constante. C'est quand même un mauvais exemple!

1.22 **4 Elisabeth, ado**
Je ne trouve pas que la télévision provoque la violence. Il y a forcément des émissions qui reflètent la violence dans la société. Et au moment du journal télévisé on parle encore de violence et de catastrophes. Mais c'est peut-être grâce à la télé qu'on commence à apprendre et à combattre la violence.

1.46 **5 Martin, ado**
Pour moi qui aime la culture mais qui vit loin de Paris et des autres centres culturels, la télé offre la possibilité de voir des émissions sur l'art, la peinture et le théâtre, de revoir des pièces classiques et, surtout sur la chaine Arte, d'apprécier des films plus littéraires.

2b Play the recording again. Students complete phrases from the recording in French.

Answers:

1 *humoristique; explications scientifiques*

2 *la qualité des programmes que l'on diffuse actuellement (à la télévision); de plus en plus sophistiqués*

3 *des insultes et à des vulgarités; une agressivité constante*

4 *la violence dans la société*

5 *des films plus littéraires*

3a Students prepare to discuss the question from listening activity 2a: *A votre avis, est-ce que la télévision exerce une bonne ou une mauvaise influence sur les jeunes?*

Using the *Compétences* section to help them, they prepare five statements of their own using language from the previous activities.

3b Students use their prepared statements to discuss the same topic with a partner. One student presents positive arguments in favour of television, the other argues against it.

F 1.2 | More speaking and reading practice about the
F 1.3 | benefits and dangers of watching TV is provided on *Feuilles de travail* 1.2 and 1.3.

4 Students write a paragraph about the influence of television: *L'influence de la télévision, est-elle bonne ou mauvaise?* Encourage them to reuse the ideas and language they have learnt in this unit.

Compétences

Expressing agreement and disagreement

Students are reminded of key structures for expressing agreement and disagreement: *je suis (tout à fait) d'accord avec/que, je ne suis pas (du tout) d'accord avec/que, je suis totalement pour/contre…*

Grammaire

Adjectives

Students are reminded of the rules of adjective agreement and position of adjectives.

A Students find examples of adjective forms and the nouns they agree with in sentences 1–10 on page 16.

Answers:
1 three masculine singular adjectives: *isolé (jeune), asocial (jeune), violent (enfant), agressif (enfant), bon (divertissement), détendu (on), heureux (on)*
2 three feminine singular adjectives: *culturelle (émission), dépressive (adolescente), bonne (comédie)*
3 three masculine plural adjectives: *jeunes (enfants), inactifs (enfants), obèses (enfants), jeunes (consommateurs), matérialistes (consommateurs), éducatifs (programmes), violents (dessins animés), informés (gens)*
4 three feminine plural adjectives: *vulgaires (insultes), nouvelles (animatrices), belles (animatrices), minces (animatrices)*

B Students add the correct ending to adjectives.

Answers:
1 *des reportages intéressants*
2 *les séries américaines*

3 *une speakerine intelligente*
4 *les publicités amusantes*

C Students are reminded that most adjectives follow the noun but a few come before it. They find five examples of adjectives used before the noun in sentences 1–10 on page 16.

Answers:
les jeunes enfants, de jeunes consommateurs, aux nouvelles animatrices, un bon divertissement, une bonne comédie

L'avenir de la télévision

Pages 18–19

Planner

Grammar focus

♦ Verbs followed by an infinitive

Key language

♦ *(l'ère de) l'interactivité, les nouveaux médias, les médias participatifs, une chaine*
♦ *le petit écran, la TV (super) haute définition, la TV en trois dimensions/3D*
♦ *le contenu généré par les utilisateurs, un site web, un vidéoblog*
♦ *démodé, numérique, en couleur/noir et blanc, à la demande*
♦ *capturer, s'informer, manquer, visionner, tenir compte des gouts des autres, télécharger*

Resources

♦ Student Book pages 18–19
♦ CD 1 track 11
♦ Grammar Workbook page 70

---

1 Students discuss in groups where and when they watch television, whether they often watch television with their families and why/why not, and whether their own television-watching habits are different from those of their parents/grandparents. They are asked to give examples.

2a Students read for gist the article on page 18 and decide which of the summarising phrases best describe the content.

Answers:
c, d

2b Students look through the article and pick out the French equivalents for the expressions listed.

Answers:

a *digital – numérique*

b *on demand – à la demande*

c *to miss – manquer*

d *to catch (a programme) – capturer*

e *the Internet and TV viewer – l'internaute-téléspectateur*

f *a TV soap – un feuilleton télévisé*

g *any, no matter which – n'importe quel*

h *to do without – se passer de*

i *to take … into consideration – tenir compte de …*

2c Students read through the article again, and answer the questions. They answer *d* with a personal opinion and reasons. Remind students that the expressions they picked out in activity 2b will be useful for this activity.

Answers:

a *L'internet sert de nouveau canal de distribution; il ne s'agit plus d'expériences de multicast; grâce au numérique, il est possible de voir des émissions à la demande.*

b *On n'est plus obligé de tous voir la même émission au même moment; on ne manque pas ses émissions préférées parce qu'on peut les capturer plus tard – n'importe quel programme à n'importe quel moment; chaque spectateur peut choisir pour soi-même.*

c *De nos jours, c'est l'individualisme qui compte; on ne tient plus compte des préférences des autres; les soirées en famille devant le poste de télévision sont peut-être en train de disparaitre; les 15–25 ans s'informent de manière très différente et ne consomment pas le petit écran comme leurs ainés.*

Grammaire

Verb + infinitive

Students are reminded that certain verbs in French, including *aimer, préférer, détester, sembler, vouloir, pouvoir, devoir, savoir* and *souhaiter*, as well as the verbal expression *il faut*, are followed by an infinitive.

A Students list which six of the above verbs are found in the text on page 18.

Answers:

pouvoir; aimer; souhaiter; vouloir; préférer; détester

B Students choose three of the sentences that contain these verbs, copy them out, translate them and finally underline the initial verb in one colour and the following infinitive in another.

Possible answers:

1 *… on peut certainement constater…*

2 *… vous n'aimez pas manquer…*

3 *… il souhaite le visionner…*

4 *… vous voulez voir…*

5 *… vous préférez regarder…*

6 *Vous détestez vous passer de…*

C Students copy out the sentences, filling each gap with a suitable infinitive.

Possible answers:

1 *On peut **voir** chaque émission quand on veut.*

2 *Les spectateurs ne doivent pas **manquer** leurs émissions préférées.*

3 *On est moins obligé de **tenir compte** des opinions des autres.*

4 *Vous pouvez tous voir, même si vous souhaitez **sortir**.*

D Students translate sentences into French using this construction.

Answers:

1 *Tu aimes regarder tous les feuilletons?*

2 *Il déteste manquer les matchs de foot à la télé.*

3 *Elle préfère oublier les préférences des autres.*

4 *Ils ne veulent pas regarder l'émission maintenant.*

5 *Ils souhaitent le capturer plus tard.*

Students are reminded that a similar construction is used to talk about the future: *aller + infinitive.*

E Students translate into English the sentence from the text.

Possible answer:

Are family evenings in front of the television going to disappear (become a thing of the past)?

F Students translate sentences into French using *aller + infinitive.*

Answers:

1 *Nous allons regarder le film plus tard.*

2 *Va-t-il manquer l'émission?*

Students are reminded that they can find out more about this construction on page 163.

---

3 Students choose from the options offered to fill the gaps in a short text.

Answers:

*La télévision n'a jamais **cessé** de progresser. La première **émission** officielle de la télévision française en noir et **blanc** date de 1935. En 1967, le petit écran passe à la **couleur** et il faut attendre 40 ans pour qu'en 2007 la **haute** définition apparaisse. De plus en plus **plats** grâce à la technologie LED, les écrans sont aussi de plus en plus grands et prétendent ainsi concurrencer les salles de **cinéma** Alors, qu'est-ce qui nous **attend** dans l'avenir?*

4a Students listen to three speakers talking about the future of television. They choose a title for each extract from the list of five given.

Answers:

1 *e une nouvelle dimension*

2 *a spectateurs, mais aussi créateurs*

3 *c téléchargement presque instantané*

CD 1 track 11   **p. 19, activités 4a et 4b**

1
Quelle sera la prochaine étape de l'évolution de la télévision? Je sais que des laboratoires japonais mettent actuellement au point des téléviseurs à super haute définition. Mais encore plus intéressant, les chercheurs parlent de l'introduction d'une troisième dimension. La télévision tridimensionnelle permettra aux téléspectateurs de plonger dans un univers rempli d'objets en relief qui s'étend bien au-delà de la surface de l'écran. Mieux encore, les lunettes rouges et bleues gênantes portées par nos parents et nos grands-parents pour regarder un film en trois dimensions au cinéma ne seront pas nécessaires.

2
Ce qui m'intéresse avant tout, c'est que nous entrons dans l'ère de l'interactivité. Ce nouveau genre de télévision se base sur des contenus générés par les utilisateurs. Plus que jamais, le spectateur pourra non seulement choisir ce qu'il veut voir, mais aussi le créer lui-même. En Grande-Bretagne, par exemple, il y aura bientôt des vidéoblogs personnels sur le site web de la BBC. Ces nouveaux médias participatifs changent profondément la relation du téléspectateur à la télévision. Il s'agit d'une vraie démocratisation des médias.

3
J'ai entendu parler d'une nouvelle initiative numérique du groupe Disney. On va vendre des épisodes le lendemain même de leur diffusion TV. Pour 1,99 dollars, les Américains peuvent télécharger depuis iTunes Music Store les séries TV les plus populaires sur leur baladeur vidéo. J'attends avec impatience qu'on introduise ce système en France !

4b Play the recording again. Students complete the phrases using their own words to reflect what they hear.

Possible answers:

1 **a** *super haute définition*

  b *télévision tridimensionnelle*

  c *les lunettes rouges et bleues gênantes*

2 **a** *par les utilisateurs*

  b *des vidéoblogs personnels*

  c *profondément la relation du téléspectateur à la télévision*

3 **a** *initiative numérique*

  b *de leur diffusion TV*

  c *baladeur vidéo*

5 Students write a 200 word entry for a competition run by a magazine aimed at retired people, under the title *La télévision de l'avenir: j'explique tout à mes grands-parents*. Guidance is given regarding possible content.

Grammaire active

page 20

Planner

Grammar focus

♦ Negatives

♦ Verbs followed by an infinitive

♦ Adjectives

Resources

♦ Student Book page 20

♦ *Feuille de travail* 1.4, CD 3 track 3

Negatives

Students are reminded to use different negatives when expressing opinions to add variety and force to their language.

1a Students write out a letter of complaint, completing the negatives.

Answers:

*Je ne connais **personne** qui regarde les émissions sportives, mais chaque week-end il n'y a **rien** d'autre à la télévision! On ne diffuse **ni** films, **ni** divertissements – il n'y a **que** d'interminables matchs de foot, de rugby, etc. Cela ne me plait **pas** du tout, et depuis six mois maintenant, je ne regarde **plus** la télévision le week-end!*

1b Students write a letter to the magazine *Télé Z* complaining about reality TV shows, using the letter from activity 1a as a model. Encourage them to include all six negatives.

Verbs followed by an infinitive

Students are reminded of common verbs which are followed by an infinitive. Using these structures will increase the complexity of their language and gain them quality of language marks at AS level.

2 Students translate sentences, starting them with the phrases provided.

a *J'aime **regarder le journal télévisé tous les soirs**.*

b *Mes parents **préfèrent regarder les feuilletons**.*

c *Il faut **aller au cinéma pour voir un bon film**.*

d *Il adore **passer la soirée devant la télévision**.*

Adjectives

Students are reminded that adjectives must agree with the noun they describe; that a few adjectives exceptionally come before the noun; and that some adjectives are irregular.

3 Students rewrite sentences, using the correct form of the adjective in each case.

Answers:

a *Je trouve les feuilletons **stupides**.*

b *Cela ne ressemble pas à la vie **quotidienne**.*

c *Je préfère un **bon** polar ou une émission **sportive**.*

d *Tu as vu la **nouvelle** série?*

F 1.4 There is more practice with adjectives and negatives on *Feuille de travail 1.4*.

Extra

page 22

Planner

Skills focus

♦ Making effective use of a wide variety of vocabulary and a range of complex structures (1)

Resources

♦ Student Book page 22
♦ CD 1 track 12

This page is aimed at A–A* students.

1 Students read a text about the attempted suicide of the first winner of the Portuguese version of 'Big Brother' and answer the questions.

Answers:

a *Zé Maria a tenté dimanche de mettre fin à ses jours en sautant dans le Tage, le fleuve qui traverse Lisbonne.*

b *Il est bien connu au Portugal parce qu'en janvier 2001 il a gagné la première édition locale de 'Big Brother', équivalent de 'Loft Story'.*

c *D'abord il a connu les honneurs et multiplié les contrats de sponsoring, mais plus tard il est retombé progressivement dans l'anonymat et a perdu ses gains (100 000 €) dans des placements hasardeux.*

2 Students listen to three other former participants in reality TV shows who have similar opinions about this sad story. Students write about 20 to 30 words to summarise what they say.

CD 1 track 12	p. 22, activité 2

1 Christophe
Je ne suis pas étonné. La télé-réalité peut pousser au suicide, la descente est aussi rapide que l'ascension.

2 Hervé . 19
A la fin du Loft, la production nous a laissé tomber. Les amis, la famille ne peuvent pas comprendre ce que vous avez vécu. Et, j'avais honte de gagner autant d'argent, ne serait-ce qu'en posant pour des photos. On s'habitue et on prend une claque quand on redescend.

3 Louis . 42
Nous, nous étions les premiers à participer à une émission de ce genre. Nous avons vécu dans un monde magique plusieurs semaines. Mais cette célébrité éphémère peut déboucher sur un cauchemar. Après avoir été tellement médiatisé, il est impossible de revenir à la vie d'avant, celle d'anonymes.

---

3 Students compile a list of people who might have strong opinions about reality TV – the participants, the viewers, the producer and his team, a psychologist, a teacher etc. and write a list of arguments from their points of view *for* and *against* this type of programme.

4 The class is divided into two groups and the students stage a debate on the subject of reality TV using the arguments prepared in activity 3. Refer students to the *Compétences* section for suggestions on how to express disagreement. After the debate, a vote decides whether the class is *for* or *against* reality TV.

Compétences

Making effective use of a variety of vocabulary and a range of complex structures (1)

Students are reminded that an 'expression brainstorm' is a good way of avoiding repeated use of the same expression, that they can do regularly and with different groups of expressions.

A Students add as many other expressions as they can in two minutes to the starter list of ways of disagreeing with someone.

B Students use as many of these expressions as they can during the debate in activity 4.

Unit 1 Assessment offers exam practice for this unit.

Unité 2 La publicité

Unit objectives

By the end of this unit students will be able to:
- Discuss the purposes of advertising and advertising techniques
- Talk about curbs on advertising
- Discuss the benefits and drawbacks of advertising

Grammar

By the end of this unit students will be able to:
- Use comparative and superlative adjectives
- Use *qui* and *que*
- Use adverbs

Skills

By the end of this unit students will be able to:
- Convince someone of their point of view
- Read a text for gist
- Infer meaning when reading

page 23

1 As a light-hearted introduction to the topic, vocabulary and ideas that will be developed in this unit, students answer the questions in the questionnaire (*Quiz – que pensez-vous de la publicité?*), then compare their answers with a partner. Encourage them to give reasons for their opinions and to start thinking of advertisements they are familiar with to justify their ideas.

Les techniques de la publicité

pages 24–25

Planner

Grammar focus
- Comparative and superlative adjectives

Key language
- *le message caché, la publicité, une publicité/ une pub, une pub réussie, un spot publicitaire, un poster/une affiche*
- *attirer l'attention, choquer, flatter, inciter, surprendre, viser*

Resources
- Student Book pages 24–25
- French magazines with adverts (suggested)
- CD 1 track 13
- Grammar Workbook page 10

1a Working with a partner, students look at the two adverts on page 24 and, using the support given as well as their own words, discuss several questions for each: which product is it for?; who does the advert target? (give reasons); what attracts the reader's attention?; is there a hidden message?; how does the advert try to persuade us to buy the product?

1b Students compare their own answers with those of other members of the class.

1c Students find an advert that they like in a French magazine and present it to the class. Encourage them to use language from *Expressions-clés* (*Cette pub est pour..., Elle vise surtout..., Le message caché, c'est que...*).

1d Students write a short analysis of a French advert. As a conclusion, they give their own opinion. Key vocabulary is given in *Expressions-clés*.

 2a Students listen to three radio advertisements. First, they listen for gist and identify the products being advertised.

Answers:
a *un hypermarché (un portable)*
b *une agence de voyages*
c *un magazine*

CD 1 track 13	p. 25, activités 2a–2d

a – J'adore mon nouveau portable!
   – Il est plus sophistiqué que le mien!
   – Il est plus élégant que le mien!
   – Il a une plus grande mémoire que le mien!
   – Il est aussi petit que le mien!
   – Et il coute moins cher que tous vos portables!
   – Cette semaine, profitez des offres exceptionnelles sur tous les portables à Carrefour. Carrefour – l'hypermarché où tout est moins cher.

b – Découvrez les plus beaux pays du monde…
   Visitez les plus belles villes…
   Admirez les monuments les plus célèbres…
   Appréciez les paysages les plus splendides…
   – Découvrez le monde avec Look Voyages! Look Voyages, pour vivre les meilleures vacances de votre vie!

c – Sais-tu que Brad sort avec une femme qui est beaucoup plus âgée que lui …?
   – As-tu vu les dernières photos les plus récentes de Victoria? On a l'impression qu'elle est plus maigre que jamais!

> – Regarde! A ton avis, qui a les plus beaux cheveux maintenant?
> – Oh, mais c'est bien Britney! Qu'est-ce qu'elle fait là?
> – Tenez-vous au courant de ce qui se passe dans le monde des people. Lisez *Public*. Chaque semaine, *Public* vous révèle les secrets les plus intimes des stars. *Public*. Le magazine des stars.

 2b Students listen to the first advertisement again and note phrases using comparatives.

Answers:

a *plus **sophistiqué***

b *plus **élégant***

c *une plus **grande** mémoire*

d *aussi **petit***

e *moins **cher***

 2c Students listen to the second advertisement again and note phrases using superlatives.

Answers:

a *les **plus beaux** pays du monde*

b *les **plus belles** villes*

c *les monuments **les plus célèbres***

d *les paysages **les plus splendides***

e *les **meilleures** vacances*

 2d Students listen to the third advertisement again and translate English phrases into French.

Answers:

a *une femme (qui est) beaucoup plus âgée*

b *les dernières photos les plus récentes*

c *plus maigre que jamais*

d *les plus beaux cheveux*

e *les secrets les plus intimes*

3 Students work in groups or pairs to create their own 20-second radio advertisement.

They work through a series of planning activities in French, then write and record their advertisement to present to the class. The script must include at least one comparative, one superlative and one question.

Grammaire

Comparative adjectives

Students are reminded of the uses *plus ... que, moins ... que, aussi ... que.*

A Using the same comparative adjectives as in their answers to activity 2b, students complete the sentences.

Possible answers:

1 *cher*

2 *sophistiqué*

3 *élégant*

Students are reminded that some common adjectives and adverbs are irregular, e.g. *bon(ne) → meilleur(e), bien → mieux.*

B Students write three sentences comparing the products given.

Possible answers:

1 *Ce shampooing est pire que le nouveau shampooing.*

2 *La nouvelle Renault est meilleure que la nouvelle Citroën.*

3 *Ces chaussures sont moins confortables que ces baskets.*

Superlative adjectives

Students are reminded of the use of *le/la/les* with *plus/moins* to form the superlative, and that the position of the superlative is the same as that of the adjective.

C Students look back at their answers to activity 2c and note which superlatives go before and which after the noun.

D Students complete the phrases with an appropriate superlative.

Les limites de la publicité

pages 26–27

Planner

Grammar focus

♦ Relative pronouns

Skills focus

♦ Convincing someone of a point of view

Key language

♦ *les aliments gras, sucrés ou salés*
♦ *le consommateur, une promotion, la santé publique*
♦ *autoriser, causer un problème, être en surpoids, être influencés par la publicité, exagérer, interdire, nourrir sa famille correctement, réclamer*

1a Students study the two posters on page 26 which are part of a 'stop smoking' campaign. They match the posters to the statements given.

Answers:
a *2*   **b** *1*   **c** *1*   **d** *2*

1b Students are asked to say which poster they find more effective, giving reasons.

2a Students read the article on page 26 about a cigarette being airbrushed out of a Dior advertising campaign and match the beginnings and ends of sentences.

Answers:
1 *b*   2 *a*   3 *c*

2b Students say whether they think Dior's actions were justified.

2c Students give their own opinion, with reasons, about whether the use of pictures of people smoking or drinking alcohol should be forbidden in advertising.

Grammaire

Relative pronouns: qui *(who, which) and* que *(that)*

Students are reminded that these pronouns are used to link short sentences and to avoid repetition of a noun. They are shown that if *que* is used in the perfect tense, the past participle has to agree with the noun to which *que* refers.

A Students look back at activity 2a and explain the use of *qui* or *que* in each sentence.

Answers:
All three sentences use qui/que *to avoid repetition of nouns (*une publicité, une photo*) and to link two short sentences into one more complex one.*

B Students rewrite the pairs of sentences, using *qui* or *que* to link them.

Answers:
1 *La publicité en ligne, qui est un nouveau phénomène, pose des problèmes.*
2 *Le sponsoring est une publicité indirecte qui exerce une grande influence.*

3 *Les spots publicitaires qu'on voit à la télévision sont souvent amusants.*

 3a Students listen to four parents talking about advertising for food that is too fatty, too sugary and too salty. They decide whether or not each speaker thinks that advertising is responsible for child obesity.

Answers:
1 *oui*   **2** *oui*   **3** *oui*   **4** *non*

CD 1 track 14	p. 27, activités 3a et 3b et Compétences A

Announcer
Tout le monde sait que l'obésité des enfants est devenue un problème de santé publique. Faut-il donc interdire la publicité pour les aliments gras et sucrés? Voilà la question que nous avons posée à plusieurs parents.

1 Marianne
Ecoutez-moi, je ne veux plus voir de publicité pour les biscuits, les barres chocolatées ou les chips. Quand vous y réfléchissez, vous voyez bien que ce sont des aliments trop gras, trop sucrés ou bien trop salés, qui sont très, très mauvais pour les petits.

2 Christiane
Je vous assure que moi personnellement, j'essaie de nourrir ma famille correctement. Mais vous devez bien voir que ces promotions me causent énormément de problèmes. Il va sans dire que les enfants réclament ce qu'ils voient à la télé.

3 Yves
Vous ne voyez pas que les enfants sont très influencés par la publicité? Et par leurs camarades de classe aussi. Vous devez bien comprendre que même les plus petits veulent fêter leur anniversaire avec des hamburgers et des frites. Allez chez MacDo le samedi après-midi, je vous assure que ça vous étonnerait!

4 Martin
Ecoutez-moi, je sais qu'il y a trop d'enfants qui sont en surpoids, mais quant au rôle de la publicité, je trouve qu'on exagère. Quand vous y réfléchissez, vous voyez bien que ce sont les parents qui décident ce qu'on mange à la maison. Il faut viser les vrais consommateurs, les adultes qui consomment trop d'aliments sucrés et gras.

 3b Students listen to the recording again and complete the sentences.

Answers:
a *Marianne a horreur de la publicité pour **les biscuits, les barres chocolatées ou les chips**.*
b *Christiane fait des efforts pour **nourrir sa famille correctement** mais ses enfants veulent qu'elle achète **ce qu'ils voient à la télé**.*
c *Yves pense que les enfants sont influencés par **la publicité** et par **leurs camarades de classe**.*

d *Yves déplore le fait que le fast-food est devenu obligatoire aux **fêtes d'anniversaire**.*

e *Martin dit que si les enfants sont obèses, c'est la faute des **parents**.*

3c Students read *Compétences* and do the activities.

Compétences

Convincing someone of your point of view

This section focuses on the importance of the imperative, which can be combined with the conditional, in convincing someone of a point of view.

Key phrases are given, such as *Ecoute-moi/Ecoutez-moi, Mais je t'assure/je vous assure que…*

 A Students listen again to the recording in activity 3 and note which of the expressions listed each of the parents uses.

Answers:
Marianne: *Ecoutez-moi; Quand vous y réfléchissez, vous voyez bien que.*
Christiane: *Je vous assure que; Mais vous devez bien voir que.*
Yves: *Vous ne voyez pas que; Vous devez bien comprendre que.*
Martin: *Ecoutez-moi; Quand vous y réfléchissez, vous voyez bien que.*

B Students are asked to write what they think about the links between advertising and child obesity. They should use the answers to activity 3, and include at least 3 of the key expressions given.

F 2.5 Additional activities where students can practise convincing someone of their point of view are provided on *Feuille de travail 2.5.*

4a Working with a partner, students discuss which areas of advertising they would ban if they were prime minister, giving their reasons. Some areas of advertising (fatty food, alcohol, tobacco…) are given as a stimulus.

4b Students choose an area of advertising. Working with a partner, they prepare arguments about it, and present their ideas to the class. Encourage them to use the language seen in previous activities, remind them to give their own opinions, and point out the additional arguments at the bottom of page 27.

L'influence de la publicité est-elle bonne ou mauvaise?

pages 28–29

Planner

Grammar focus
♦ Adverbs

Skills focus
♦ Reading a text for gist

Key language
♦ *la chirurgie esthétique, une campagne de positionnement des marques, une forme de communication, les informations techniques, la marque, le panneau, le réchauffement global, la société de consommation, le sponsoring/le parrainage, un stéréotype, les top models trop minces*
♦ *respectueux de l'environnement*
♦ *avoir une bonne/mauvaise influence, faire un bon choix, jouer un rôle important, manipuler, nuire (à), profiter (de), se sentir exclu*

Resources
♦ Student Book pages 28–29
♦ CD 1 track 15
♦ *Feuilles de travail* 2.1, 2.2 and 2.3, CD 3 track 4
♦ Grammar Workbook page 14

Compétences

Reading a text for gist

Students are reminded of key skills for gist reading: spotting the key words; using headings and illustrations to help understanding; focusing on understanding the overall meaning of each paragraph in turn. They are reminded that for overall understanding they do not need to understand every word they read, and will often be able to work out meaning from context.

A Students read the texts on page 28 and decide whether each person is in favour of advertising or against it.

Unité 2 La publicité

Answers:

Anaïs: *against*

Kévin: *against*

Julien: *in favour*

Danielle: *against*

Sophie: *against*

Laurent: *in favour*

Thomas: *in favour*

Emilie: *in favour*

B Students look at the texts again and work out which four match pictures A–D. At this stage, encourage them to scan the texts looking for key words suggested by the photos.

A: *Anaïs*

B: *Kévin*

C: *Danielle*

D: *Sophie*

1a Students look at the texts, including the introductory paragraph, in more detail and find synonyms for the expressions listed.

Answers:

a des posters – *des affiches*

b des brochures – *les prospectus*

c je suis inquiétée – *je suis concernée*

d la publicité pour la nourriture – *la publicité alimentaire*

e le surpoids – *l'obésité*

f catastrophiques – *désastreuses*

1b Students read the statements and decide who is speaking in each case.

Answers:

a *Christophe*

b *Françoise*

c *Guy*

d *Bernard*

e *Anne*

f *Hélène*

g *Eric*

h *Danielle*

1c Working with a partner, students express in their own words whether or not they agree with the opinions on page 28. Some key phrases are given, but they should be encouraged to use previously learned language for giving opinions as well.

 2a Students listen to Léa and Patrick talking about advertising. They work out who mentions each of the aspects listed.

Answers:

a *la dépression* – Léa

b *le sponsoring* – Patrick

c *la compétition* – Patrick

d *les crèmes anti-âge* – Léa

e *la publicité pour l'alcool* – Léa

f *le prix des billets pour les évènements sportifs* – Patrick

---

CD 1 track 15 **p. 29, activités 2a et 2b**

Léa

Moi, j'ai horreur de la publicité. Elle nous manipule, nous exploite – tout simplement pour faire du profit! La publicité rend beaucoup de gens malheureux et peut mener à la dépression et à d'autres maladies psychologiques. Elle exploite les enfants, en leur disant que les jouets chers sont importants. Elle exploite les jeunes, en insistant qu'il faut porter certains vêtements et avoir un certain portable pour être heureux et avoir des amis. Les femmes plus âgées doivent acheter des crèmes anti-âge pour rester belles, tandis que les hommes sont obligés d'acheter une voiture de luxe pour montrer leur importance. C'est un monde où tout le monde est jeune et beau et super-riche. Je sais que maintenant la publicité pour le tabac et l'alcool est interdite, mais à mon avis, toute publicité est irresponsable et pas nécessaire.

Patrick

Moi personnellement, j'adore la publicité! C'est souvent ce qu'il y a de plus intéressant à la télévision, et en plus, il y a des pubs qui sont vraiment géniales. La publicité encourage la compétition, en nous informant des avantages des nouveaux produits, elle favorise les prix bas… pour nous, les consommateurs, c'est parfait. Dans le monde du sport, le sponsoring assure des stades modernes et confortables, et des billets à prix raisonnables. Les logos sur les maillots ne me dérangent pas du tout; je n'y fais pas attention. Le public n'achète pas n'importe quoi, au contraire, la publicité nous encourage à faire des comparaisons, à nous informer et à faire un bon choix.

 2b Students listen to the recording again, and write a few sentences to summarise Léa and Patrick's opinions.

3 Students write a paragraph to present their own opinion on the topic *Pensez-vous que la publicité est bonne ou mauvaise?* Encourage them to use the ideas and vocabulary seen in this unit.

F 2.1 Further listening practice based around a radio interview exploring the influence of advertising on children is provided on *Feuille de travail* 2.1.

F 2.2 Further speaking and reading practice on the theme
F 2.3 of the influence of advertising is provided on *Feuilles de travail* 2.2 and 2.3.

Grammaire

Adverbs

Students are reminded that adverbs are used to describe an adjective, a verb or another adverb; and that most adverbs end in *-ly* in English and in *-ment* in French. The general rule for the formation of adverbs in French (adding *-ment* to the feminine form of the adjective) is given.

A Students read the texts (including the introductory paragraph) on page 28 again, find the adverbs formed from the adjectives listed, and give their meaning in English.

Answers:

personnel → *personnellement – personally*

certain → *certainement – certainly, definitely*

régulier → *régulièrement – regularly, routinely*

général → *généralement – generally, usually*

franc → *franchement – frankly*

gratuit → *gratuitement – for free*

Additional rules for the formation of adverbs are given: if an adjective ends in a vowel, *-ment* is added to the masculine form; some adjectives change the final *e* to *é* or *è* before adding *-ment*; for adjectives ending in *-ent* or *-ant*, the adverb ends in *-emment* or *-amment*.

B Students use the rules given and the texts on page 28 to work out the adverbs formed from the adjectives given.

Answers:

récent → *récemment*

constant → *constamment*

vrai → *vraiment*

énorme → *énormément*

total → *totalement*

C Students read the texts on page 28 again to find the adverb corresponding to the adjective *bon*.

Answer:

bien

Grammaire active

page 30

┌───┐
Planner

Grammar focus
♦ Relative pronouns *qui* and *que*
♦ Adverbs
♦ Comparative and superlative adjectives

Resources
♦ Student Book page 30
♦ *Feuille de travail* 2.4
└───┘

Relative pronouns

Students are reminded that the use of relative pronouns will make their French more complex and fluent in expression. They study two descriptions of a skin cream, and decide which uses more complex language. They say what has been changed to achieve this.

Answer:
Extract 2 is more complex. This has been achieved by use of qui/que *to avoid use of pronouns/repetition of nouns, and to combine short sentences to make longer, more complex ones (e.g. Elle est en vente... → qui est en vente...; La crème Elicina... On la vend maintenant... → La crème Elicina, qu'on vend maintenant...).*

1 Students rewrite in more complex French a short text, using *qui/que* to link short sentences.

Possible answer:
Le voyage que nous proposons aujourd'hui représente une expérience inoubliable. Nous avons réservé des chambres de luxe dans un hôtel quatre étoiles, qui est situé sur une plage privée et qui a, en plus, trois piscines magnifiques. On prend les repas, qui sont copieux, dans la salle à manger ou à la terrasse. On vous propose aussi plusieurs excursions, qui sont incluses dans le prix, et qui vous permettent de découvrir les attractions de l'île.

Adverbs

Students are reminded that adverbs are another way of making their French sentences more complex.

2 Students complete sentences using the adverbs given.

Answers:

a J'ai les cheveux **extrêmement** fins, et ce shampooing est **vraiment** génial!

b Je bois **régulièrement** ce yaourt qui m'aide **énormément** à garder la forme.

c J'aime **tendrement** mon bébé, qui dort **paisiblement** grâce à cette musique.

d **Normalement**, je me méfie des offres spéciales, mais celle-ci est **absolument** fantastique.

e Avant, je sortais **constamment**, mais maintenant je travaille **sérieusement**.

Comparative and superlative adjectives

Students are reminded that comparatives and superlatives can be used to contrast things.

3 Students write a comparative sentence for each group of words.

Possible answers:

a Le nouveau lecteur MP3 est plus cher que les autres modèles.

b Le fast-food est moins sain que les produits frais.

c Les pop-ups sont aussi agaçants que les publicités à la télévision.

d Les fruits bio sont moins populaires que les autres fruits.

e La mode actuelle n'est pas aussi belle que les vêtements de l'an passé.

4 Students write a short advertisement for a product, exaggerating its good qualities and including at least five superlatives.

F 2.4 Further practice using the relative pronouns *qui/que* and comparative and superlative adjectives can be found on *Feuille de travail* 2.4.

Extra

page 32

> ## Planner
>
> ### Skills focus
> ♦ Inferring meaning when reading (1)
>
> ### Resources
> ♦ Student Book page 32

This page is aimed at A–A* students.

1 Students read the article on page 32 about alcohol advertising on the internet. They read the statements and note whether they are true *(V)*, false *(F)* or whether the information is not given *(ND)*.

Answers:

a V	b V	c F	d V	e ND
f V	g F	h V	i ND	j V

Compétences

Inferring meaning when reading (1)

Students are reminded that to gain grade A or A*, they need to go beyond understanding the main points and details in a text, they need to be able to infer meaning. They have already read for gist in this unit and can use those techniques on this more difficult text.

A Students look at the article on page 32 and translate the two sentences in bold into English, then say what they indicate about the author's opinion of the new law.

Answers:
However, at the same time permitting alcohol advertising on the Internet does raise serious questions.
At least, this is what you might have thought until the passing of this same law permits alcohol advertising on the Internet.

B Students explain the phrase: *cette autorisation, qui ravit les viticulteurs*, and say who the author suggests will benefit from the new law and why.

Answers:
Wine producers are delighted that they will be able to advertise extensively on the Internet. They will profit from being able to advertise on sites other than their own, perhaps using pop-ups etc.

C Students look at the underlined sentence referring to *le texte original* of the law. Students say how the law has changed since it was first drafted and give the author's view of the changes.

Answers:
In the original draft of the law, alcohol advertising would have been limited to sites of wine producers, distributors and professional bodies. The author thinks this would have been more logical and reasonable.

2 Students write 150–200 words in reply to the question "Pensez-vous que la publicité pour l'alcool sur Internet pose un danger pour les jeunes?"

Unit 2 Assessment offers exam practice for this unit.

Unité 3   Les technologies de la communication

Unit objectives

By the end of this unit students will be able to:
- Discuss blogs, wikis and other aspects of the Internet
- Talk about issues relating to mobile phones, MP3 players etc.
- Discuss the benefits and dangers of the Internet

Grammar

By the end of this unit students will be able to:
- Use direct object pronouns
- Use possessive adjectives and understand possessive pronouns
- Use expressions where tenses differ between French and English
- Use *après avoir* and *après être*

Skills

By the end of this unit students will be able to:
- Take notes when listening
- Understand the link between French and English suffixes
- Transfer meaning using their own words in French

page 33

1a Students try to identify five photographs of items relating to computers and music. They choose from the options given.

Answers:
1 *une clé USB*
2 *un casque audio*
3 *un ordinateur portable*
4 *un iPod touch*
5 *une souris*

 1b Students listen to the recording to check their answers to activity 1a.

CD 1 track 16	p. 33, activité 1b
1 Le numéro 1, c'est une clé USB.	
2 Le numéro 2, c'est un casque audio.	
3 Le numéro 3, c'est un ordinateur portable.	
4 Le numéro 4, c'est un iPod touch.	
5 Le numéro 5, c'est une souris.	

2 Students discuss in groups which aspects of new technology they use and how often. Some suggestions are made to help them get started. The aim is to identify which of the new media are most popular.

Aimez-vous bloguer?

pages 34–35

Planner

Grammar focus
- Direct object pronouns

Skills focus
- Extending your vocabulary – suffixes

Key language
- *l'actualité (f), un blogueur/une blogueuse, une encyclopédie, l'interactivité (f), un(e) internaute*
- *anonyme, fiable, gênant, interactif, en ligne*
- *créer un blog, exprimer une opinion, inciter, partager, résoudre un problème, révéler les détails de sa vie intime, traiter un sujet*

Resources
- Student Book pages 34–35
- CD 1 track 17
- *Feuille de travail* 3.4
- Grammar Workbook page 23

1a Students read an article in which a student, Coralie, describes her blog. They study the list of themes and match each one to a paragraph of the text.

Answers:
a *1*   b *3*   c *2*   d *3*   e *1*

1b Students find synonyms in the text for the phrases given.

Answers:
a *sa propre opinion*
b *je donne mon avis*
c *elles se disent que l'anonymat les protège*
d *l'actualité*
e *c'est ça qui me passionne*

 2a Students listen to three French teenagers talking about their blogs. For each speaker, they note:

a why he/she started the blog

b the topics he/she deals with

c the topics he/she refuses to deal with.

Answers:

1 **a** *pour s'amuser*

 b *des photos, des blagues, des vidéos*

 c *ses problèmes personnels, ses émotions*

2 **a** *pour communiquer avec les autres qui aiment la musique*

 b *la musique, les vidéos, ses commentaires et ceux des autres*

 c *le lycée (les profs, le travail scolaire)*

3 **a** *elle était malheureuse, elle se sentait isolée*

 b *ses problèmes*

 c *des photos personnelles*

CD 1 track 17 p. 34, activité 2a

1 Je m'appelle Claire, j'ai 17 ans et j'ai créé mon blog il y a un an, à peu près. Je l'ai fait surtout pour m'amuser, donc j'y mets des photos amusantes de mes amis, des blagues, etc. Quand je trouve une petite vidéo qui me fait rire, je la mets tout de suite sur mon blog. Mais je n'y décrirais jamais mes problèmes personnels, mes émotions, etc. – non, jamais. Ça, c'est ma vie intime, et je ne veux pas la partager avec n'importe qui.

2 Je m'appelle Kévin et j'ai 19 ans. Je me passionne pour la musique et grâce à mon blog, je peux communiquer avec les autres qui l'aiment et qui ont les mêmes gouts que moi. Dès que je découvre un morceau qui me plait, je le mets en ligne, pour le partager avec les internautes partout dans le monde. Sur mon blog, on trouve surtout des musiques et des vidéos, et en plus il y a mes commentaires et ceux des autres. Je n'y mets rien au sujet du lycée; si j'ai envie de parler des profs ou du travail, je le fais avec les copains.

3 Je suis Léa, j'ai 18 ans. L'année dernière, j'étais très malheureuse, j'avais plein de problèmes au lycée et je me sentais très isolée. Mon blog m'a beaucoup aidée à sortir de ma dépression. J'ai pu parler librement de mes problèmes, les analyser et finalement les résoudre. Le plus important, c'est que ton blog est anonyme, personne ne sait qui l'écrit. C'est pour cette raison que je n'ai jamais mis de photos personnelles sur mon blog, et en plus, n'importe qui pourrait les consulter. Maintenant tout va bien, je n'ai plus besoin de mon blog et je l'ai abandonné.

2b Students attribute each of the statements a–j to a speaker from the activity 2a recording.

Answers:

a *Kévin* **b** *Claire* **c** *Léa* **d** *Léa* **e** *Léa*

f *Kévin* **g** *Claire* **h** *Léa* **i** *Claire* **j** *Léa*

 2c Students listen to the recording again to check their answers to activity 2b.

3a Students read two passages about blogs and wikis and list the arguments for and against.

Answers:

Pour:

♦ *un blog représente un moyen de communiquer*

♦ *l'ampleur du wikipédia, sa profondeur, la richesse de ses références*

♦ *il est formidable de pouvoir consulter une encyclopédie comme ça chez soi, et à toute heure*

♦ *chez le wikipédia, chacun a la liberté d'écrire ce qu'il veut*

Contre:

♦ *les blogs exercent une très mauvaise influence sur les jeunes*

♦ *les blogs incitent les jeunes à exprimer des opinions bizarres pour attirer l'attention des autres internautes*

♦ *les jeunes blogueurs critiquent leurs profs et ils partagent des photos gênantes, sans penser à leurs victimes*

♦ *il existe des blogueurs qui mentent, et qui inventent des problèmes ou des histoires amoureuses pour s'amuser*

♦ *un blog mène facilement à l'égoïsme et à l'isolement*

♦ *on ne sait jamais si les articles du wikipédia sont fiables, et il est difficile quelquefois de distinguer entre les faits et les opinions*

♦ *il y a certains groupes qui utilisent le wikipédia pour faire de la propagande*

3b Students write a reply to one of the texts in defence of blogs and wikis.

Grammaire

Direct object pronouns

This section focuses on direct object pronouns (full and contracted forms, and position) and the preceding direct object rule of agreement.

A Students study the sentences in activity 2b and identify the direct object pronouns.

Answers:

a ... *je **le** mets en ligne*

b ... *je ne veux pas **la** partager...*

c *Mon blog **m**'a beaucoup aidée...*

d ... *personne ne sait qui **l**'écrit*

e ... *je **l**'ai abandonné*

f ... *je **le** fais avec les copains*

g *Je **l**'ai fait...*

h ... ***les** analyser et finalement **les** résoudre*

i ... *une petite vidéo qui **me** fait rire, je **la** mets...*

j ... *n'importe qui pourrait **les** consulter*

B Students translate sentences a–j in activity 2b into English.

Answers:

a *When I find a piece I like, I put it online.*

b *It's my private life and I don't want to share it with everyone.*

c *My blog helped me a lot to come out of my depression.*

d *The most important thing is that your blog is anonymous, no one knows who's writing it.*

e *I don't need my blog anymore and I've given it up.*

f *If I want to discuss teachers or work, I do it with my friends.*

g *I did it mainly for fun.*

h *I could speak freely about my problems, analyse them and eventually solve them.*

i *When I find a video clip which makes me laugh, I put it on my blog straight away.*

j *I've never put personal photos on my blog and besides, anyone could look at them.*

C Students find in sentences a–j an example of the preceding direct object rule.

Answer:

*Mon blog **m**'a beaucoup aidée ...*

F 3.4 Further practice using direct object pronouns can be found on *Feuille de travail* 3.4.

Compétences

Suffixes

Students are reminded that many words in English and French are very similar and the endings of nouns often follow certain patterns in both languages. This can help students to work out the meaning and gender of an unfamiliar word.

English ending	English example	French ending	French example 1	Gender	French example 2
-em	system	*-ème*	*un système*	masculine	
-ity	popularity	*-ité*	*la popularité*	feminine	
-ment	government	*-ment*	*le gouvernement*	masculine	
-ics	politics	*-ique*	*la politique*	feminine	
-tion	nation	*-tion*	*la nation*	feminine	
-ism	realism	*-isme*	*le réalisme*	masculine	

A The above table of related French and English nouns and suffixes is provided. Students fill in the right-hand column by adding a further example of each. Many can be found in the texts on pages 34–35.

Possible answers:
le problème
la mentalité/l'interactivité/l'actualité/l'identité
un argument/l'isolement
l'économique
l'adoption/l'attention
l'égoïsme/le racisme

Le téléphone portable

pages 36–37

Planner

Grammar focus
- Possessive adjectives
- Possessive pronouns

Skills focus
- Taking notes when listening

Key language
- *un appareil photo intégré, un jeu, un lecteur MP3, un message, un portable, une sonnerie, un portable à écran tactile*
- *envoyer/recevoir un SMS, joindre, rester en contact*

Resources
- Student Book pages 36–37
- CD 1 tracks 18–19
- *Feuilles de travail* 3.2 and 3.5, CD 3 track 6
- Grammar Workbook page 7

 1a Students listen to teenagers talking about mobile phones and follow the text. They decide whether each opinion is positive or negative.

Answers:
Positif: Bérangère, Arnaud, Julien
Négatif: Faustine, Bénédicte, Lénaïc

CD 1 track 18	p. 36, activité 1a

Pour mes copines et moi, avoir un portable est très important. On peut s'appeler sans passer par nos parents et on est toujours en contact par SMS. Pour les jeunes d'aujourd'hui, les portables sont indispensables. Mes parents utilisent les leurs seulement de temps en temps, mais nous n'éteignons jamais les nôtres.
Bérangère, 17 ans

---

36 Le portable peut vraiment dépanner dans certaines situations. Si on rate le bus, on peut envoyer un message pour prévenir les parents. Les miens me laissent plus facilement sortir le soir; ça les rassure de savoir qu'ils peuvent me joindre à tout moment.
Arnaud, 16 ans

1.03 Les portables ne sont plus de simples téléphones. Le mien a un appareil photo intégré, plusieurs jeux et un lecteur MP3. Mais le mobile de ma copine a un écran tactile et permet aussi l'accès à Internet. Mon portable est déjà assez sophistiqué, mais le sien est vraiment un objet à tout faire!
Julien, 18 ans

1.30 Le téléphone portable pour les ados n'est pas forcément une bonne chose. C'est un objet de convoitise supplémentaire. Avant on se faisait racketter des montres, maintenant on nous arrache nos lecteurs MP3 et nos téléphones portables dans la rue. Le mien est assez vieux, mais quand je sors en ville le soir, je n'aime pas l'utiliser. Je ne veux pas attirer l'attention des délinquants.
Faustine, 17 ans

2.05 Les téléphones portables sont une mode. Presque tout le monde en a un. Mais un portable coute cher et en plus, il faut payer un forfait tous les mois. Ce n'est pas facile pour tout le monde. Les enfants de familles modestes qui n'ont pas de portable se sentent exclus quand ils entendent toujours 'le mien est mieux que le tien!'.
Bénédicte, 16 ans

2.35 Il faut interdire le téléphone portable en classe. Certains ados emmènent le leur partout avec eux et ne l'éteignent jamais. Les portables sonnent pendant les heures de cours et dérangent les profs et les autres élèves. En ville ou dans le train, on tolère les sonneries constantes et les gens qui parlent sans cesse à haute voix, mais le travail scolaire demande de la concentration.
Lénaïc, 19 ans

1b Students use a bilingual dictionary to find the meanings of key verbs highlighted in the text.

Answers:
a *utiliser* – to use
b *éteindre* – to switch off
c *dépanner* – to help out
d *prévenir* – to warn
e *joindre* – to contact
f *se faire racketter* – to be mugged
g *arracher* – to seize
h *se sentir* – to feel
i *interdire* – to forbid
j *emmener* – to take
k *déranger* – to disturb
l *tolérer* – to tolerate

1c Students match halves of sentences relating to the text.

Answers:
1 *e*   **2** *b*   **3** *d*   **4** *a*   **5** *f*   **6** *c*

1d Students reread the text and note three arguments in favour of mobile phones and three against.

Possible answers:
Pour: *on peut s'appeler sans passer par les parents; on est toujours en contact; on peut envoyer des photos; si on rate le bus, on peut envoyer un message; ça rassure les parents*
Contre: *c'est un objet de convoitise supplémentaire; les délinquants arrachent les téléphones portables dans la rue; un mobile coute cher; les enfants de familles modestes qui n'ont pas de portable se sentent exclus; les portables qui sonnent en classe dérangent les profs et les autres élèves*

Compétences

Taking notes when listening

Students are reminded about basic rules for tackling listening activities.

Before listening, they should:
♦ read the questions and instructions carefully and make sure they know exactly what information to listen for
♦ think about the sort of language they will hear and the general theme, and try to predict likely answers
♦ check whether to answer in French or English, and in notes or full sentences
♦ make sure they know numbers in French. They are advised to write any numbers in their answers as figures, not in words.

After listening, students should use their general knowledge to check that their answers make sense.

 A Students listen to the first part of a report about the history of mobile phones and complete the sentences.

Before listening, they should prepare according to the advice given in the *Compétences* section, e.g. they should be able to work out that in sentence **a**, *en* will be followed by a date and/or the name of a country.

Answers:
a *1979* or *Suède*
b *1983*
c *une brique, 800 g*
d *3 300 euros*
e *milliers, des listes d'attente*

CD 1 track 19 p. 37, **Compétences: activités A et B**
Part 1 En 1979, le premier téléphone portable voit le jour en Suède. Quatre ans plus tard, en 1983, Motorola lance le premier téléphone portable commercialisé au monde. Il a la taille d'une brique, c'est à dire 33 cm, et il pèse 800 g. Son autonomie en communication est d'une heure à peine. Malgré son prix élevé (3 300 euros), des milliers de gens s'inscrivent sur des listes d'attente pour l'acheter.
Part 2 En **2010**, plus de **950 millions** de téléphones portables ont été vendus dans le monde. Il y a actuellement **5 milliards** d'abonnés au téléphone portable dans le monde. Ce chiffre pourrait atteindre **6 milliards** en **2015**.
En **2010**, les **Européens** ont envoyé **300 milliards** de SMS (Short Message Services). Mais le record est détenu par **la Chine**, avec **700 milliards** de SMS envoyés.
58 millions de **Français** possèdent un téléphone portable, soit environ **quatre cinquièmes** de la population. Plus de **9** jeunes sur **10** utilisent un mobile.

 B Students listen to the second part of the recording and complete a gapped text.

Answers:
see bold text in transcript above

F 3.5 *Feuille de travail* 3.5 provides more useful strategies for listening together with a listening passage with activities for practising the strategies.

---

2 This is both a writing and a speaking activity to reinforce the language and ideas relating to the topic. Students work in pairs to prepare PowerPoint presentations on the advantages and disadvantages of mobile phones, which they deliver to the class. Remind them to reuse language from the previous activities and to aim to talk about their slides rather than read them aloud.

After correction, handouts of all the presentations could be given to all students.

F 3.2 Additional speaking activities on the theme of mobile phones and Internet use are provided on *Feuille de travail* 3.2.

Grammaire

Possessive adjectives

Students are reminded of the different possessive adjectives and of agreements.

A Students find six examples of possessive adjectives in the texts on page 36 and in activity 1c, and translate them into English.

Answers:
any six of:
mes copines – my friends, *nos parents* – our parents, *mes parents* – my parents, *ma copine* – my girlfriend, *mon portable* – my mobile, *nos lecteurs MP3* – our MP3 players, *nos téléphones portables* – our mobiles, *son portable* – her mobile, *leur portable* – their mobiles, *leur fils* – their son, *ses copines* – her friends

B Students complete each sentence with the correct possessive adjective.

Answers:
1 **son** *nouveau portable*
2 **leurs** *enfants*
3 **notre** *classe*

Possessive pronouns

Students are introduced to the different possessive pronouns. Active use of these is not required for AS level, but students should recognise and understand them.

C Students find more examples of possessive pronouns in the texts on page 36 and list them in chart form, noting the noun they refer to and its gender and number.

Answers:

possessive pronoun	refers to	masculine or feminine?	singular or plural?	English meaning
les leurs	*les mobiles*	masculine	plural	theirs
les nôtres	*les mobiles*	masculine	plural	ours
les miens	*les parents*	masculine	plural	mine
le mien	*le portable*	masculine	singular	mine
le sien	*le portable*	masculine	singular	hers
le tien	*le portable*	masculine	singular	yours
le leur	*le portable*	masculine	singular	theirs

Les jeunes sur la Planète Internet

pages 38–39

Planner

Grammar focus
♦ *venir de* + infinitive
♦ *depuis* + present tense
♦ *après avoir/après être* + past participle

Key language
♦ *un clip sur YouTube, le cybermarché, le forum, le fichier, la messagerie instantanée, un moteur de recherche, un ordinateur portable, un réseau social, un site*
♦ *communiquer, devenir accro, faire des achats au cybermarché/en ligne, partager, télécharger*

Resources
♦ Student Book pages 38–39
♦ CD 1 track 20
♦ *Feuilles de travail* 3.1, 3.2 and 3.3, CD 3 track 5
♦ Grammar Workbook pages 65, 74

1a As a starter activity, students identify four synonyms for *Internet*.

Answers:
le Web, la Toile, en ligne, le Net

1b Students use a bilingual dictionary to find the meanings of the other words.

Answers:
un(e) internaute – Internet user
un email – an email
le cybermarché – e-marketplace
un moteur de recherche – a search engine
un ordinateur portable – a laptop
la livraison – delivery
une commande – an order
la société virtuelle – virtual society, e-community
la messagerie électronique – electronic messaging, email
le forum – forum
le site – website
le fichier – file
un réseau social – social network (site)

2a Students read for gist six texts by French teenagers saying what they like about the Internet and how they have used it recently. They match three of the texts to the screens A, B and C.

Answers:
A *4*   **B** *1*   **C** *2*

2b Students reread the six texts on page 38 and decide whose point of view the statements a–f represent.

Answers:
a *Amélie*   **b** *Alexandre*   **c** *Benjamin*
d *Elodie*   **e** *Nicolas*   **f** *Julie*

2c Students complete a multiple-choice activity.

Answers:
1 *a*   **2** *a*   **3** *c*   **4** *b*   **5** *a*   **6** *c*

At this point, students could work through the grammar explanation of *venir de* in the *Grammaire* section, followed by activity A, which is based on the text on page 38 and sentences from activity 2c.

3a The parents of the teenagers featured on page 38 speak about their worries regarding the Internet. As an initial gist listening activity, students match the parents with their children.

Answers:
a *M. Martin: Benjamin*
b *Mme. Leblanc: Julie*
c *M. Blondin: Amélie*
d *Mme. Aubert: Elodie*
e *M. Malherbe: Alexandre*
f *Mme. Bertin: Nicolas*

CD 1 track 20   **p. 39, activités 3a et 3b**

a Depuis plusieurs mois, mon fils fait beaucoup d'achats en ligne. Il vient d'acheter un appareil-photo, qui n'était pas cher du tout. Mais après avoir payé l'appareil avec ma carte de crédit, j'ai lu un article sur les risques de vol ou de fraude. Comment savoir si mon fils utilise des sites sécurisés? En plus, que font les gens qui n'ont pas de carte bancaire? Il est évident qu'ils sont défavorisés.

b Ma fille surfe sur le Net depuis plus de deux ans et je sais qu'elle a approfondi ses connaissances en langues et en culture. Mais je viens de remarquer qu'elle ne lit plus, ce qui est dommage. Après avoir découvert Internet, elle a abandonné son dictionnaire et ses livres scolaires. Internet, va-t-il remplacer les livres à l'avenir?

c Ma fille vient de rentrer de l'Amérique, après avoir fait un échange avec une jeune Américaine. Depuis son retour, elle ne sort plus avec ses copains d'ici, elle passe tous les soirs à écrire des emails à ses amis transatlantiques. On parle toujours de l'interactivité, mais à mon avis, Internet peut créer l'isolement.

---

d Moi, je travaille dans une agence de voyages et je constate que, depuis l'arrivée d'Internet, nous avons de moins en moins de clients. Je comprends ça; ma propre fille vient d'organiser un voyage à Londres en ligne. Après avoir profité des prix bas sur la Toile, les voyageurs ne vont plus consulter les spécialistes. Mais si les agences ferment, que feront les gens qui ne sont pas connectés à Internet?

e Depuis 2004, mon fils utilise Internet comme une bibliothèque virtuelle. C'est un lycéen sérieux, qui vient d'obtenir une très bonne note pour sa dernière rédaction au sujet de l'immigration. Mais il y a des problèmes quand on utilise Internet pour le travail scolaire. On ne sait pas toujours si les informations diffusées sont objectives ou fiables.

f Mon fils m'inquiète beaucoup. Je viens d'apprendre que, depuis quelques semaines, il visite des sites qui diffusent des idées politiques fort dangereuses. A mon avis, il existe trop de sites au contenu immoral, des sites pornographiques ou qui incitent à la violence et au racisme. Comment peut-on réglementer Internet? Et comment pouvons-nous, nous les parents, protéger nos enfants des mauvaises influences?

3b Students listen again and decide which problems (a–h) are mentioned by each parent.

Answers:

M. Martin: a, f	*Mme. Aubert: g*
Mme. Leblanc: h	*M. Malherbe: e*
M. Blondin: c	*Mme. Bertin: b, d*

4 Students write a paragraph on the topic *Internet fait partie de la vie aujourd'hui*, explaining whether or not they agree with this statement. If appropriate, provide the following *Questions-clés* as guidance:

♦ *Qu'est-ce qu'on peut faire en ligne?*
♦ *Comment utilisez-vous Internet? Depuis combien de temps? Qu'est-ce que vous venez de faire en ligne?*
♦ *Quels sont les avantages d'Internet? Quels problèmes crée-t-il?*

F 3.1 Further activities based on a listening text on the theme of chatting online are provided on *Feuille de travail* 3.1.

F 3.2 Additional speaking activities on the theme of mobile phones and Internet use are provided on *Feuille de travail* 3.2.

F 3.3 Additional reading activities on the theme of videos and the Internet are provided on *Feuille de travail* 3.3.

Grammaire

Expressions that use different tenses in French and English

This explains three structures that use different tenses in French and English: *venir de*, *depuis* and *après avoir/après être*.

You may wish to deal with each structure and the corresponding activities separately, depending on the ability of students in your class. Alternatively, activities A, C, D, and E could be incorporated into work on the reading text and activity B included with work on the listening text.

◆ *venir de* + infinitive (to have just done something)

A Students study the six texts on page 38 and the sentences in activity 2c. They list five examples of sentences using *venir de* and translate them into English.

Answers:
Accept any five sentences, e.g.:

Je viens de rentrer d'un weekend super à Londres. – I've just come back from a great weekend in London.

Je viens de découvrir des sites espagnols... – I've just discovered some Spanish websites...

Je viens d'examiner des sites où l'on exprime des opinions assez extrêmes... – I've just looked at some websites where the views expressed are quite extreme...

Je viens d'acheter un appareil-photo à carte mémoire au cybermarché. – I've just bought a digital camera online.

Je viens de préparer une dissertation au sujet de l'immigration en France... – I've just prepared an essay about immigration in France...

 B Students listen again to the activity 3 recording. They write down the phrase each parent uses which includes *venir de*, and translate it into English.

Answers:
a *Il vient d'acheter un appareil-photo...* – He has just bought a camera…

b *Je viens de remarquer qu'elle ne lit plus...* – I have just noticed that she no longer reads...

c *Ma fille vient de rentrer de l'Amérique...* – My daughter has just returned from America...

d *Ma propre fille vient d'organiser un voyage à Londres en ligne.* – My own daughter has just organised a trip to London online.

e *C'est un lycéen sérieux, qui vient d'obtenir une très bonne note...* – He's a conscientious student who has just received a very good mark...

f *Je viens d'apprendre que...* – I've just found out that...

C Students translate three sentences into French.

Answers:
1 *Je viens de regarder un film sur Internet.*

2 *Nous venons d'organiser des vacances en France.*

3 *Mon ami vient d'acheter des CD en ligne.*

◆ *depuis* (since, for)

Students are reminded that *depuis* + present tense translates the English 'have been ...ing'.

D Students search the texts on page 38 for five sentences containing *depuis*. They write them out and translate them into English.

Answers:
1 *Depuis un an, j'utilise Internet pour organiser mes vacances.* – For a year, I have been using the Internet to arrange my holidays.

2 *Depuis deux ans, j'utilise un dictionnaire en ligne...* – For two years, I have been using an online dictionary...

3 *Depuis quelques semaines, je m'intéresse beaucoup à la politique...* – For several weeks, I have been interested in politics...

4 *Depuis janvier dernier, je fais tous mes achats en ligne.* – Since last January, I have been doing all my shopping online.

5 *J'utilise Internet pour le travail scolaire depuis plusieurs années.* – I have been using the Internet for schoolwork for several years.

Follow-up activity:
 Give students the following phrases using depuis, all taken from the activity 3 recording. Play the recording again. Students listen and complete the sentences, then translate them into English.

1 *Depuis plusieurs mois,...*

2 *... depuis plus de deux ans.*

3 *Depuis son retour,...*

4 *Depuis l'arrivée d'Internet,...*

5 *Depuis 2004,...*

6 *Depuis quelques semaines,...*

Answers:

1 *Depuis plusieurs mois, mon fils fait beaucoup d'achats en ligne.* – For several months, my son has been buying lots of things online.

2 *Ma fille surfe sur le Net depuis plus de deux ans.* – My daughter has been surfing the Internet for more than two years.

3 *Depuis son retour, elle ne sort plus avec ses copains d'ici.* – Since her return, she has not been going out with her friends from home.

4 *Depuis l'arrivée d'Internet, nous avons de moins en moins de clients.* – Since the arrival of the Internet, we have had fewer and fewer customers.

5 *Depuis 2004, mon fils utilise Internet comme une bibliothèque virtuelle.* – Since 2004, my son has been using the Internet as a virtual library.

6 *Depuis quelques semaines, il visite des sites qui diffusent des idées politiques fort dangereuses.* – For a few weeks, he has been visiting websites which contain very dangerous political ideas.

♦ *après avoir/après être* + past participle (after …ing)

Students are reminded of the structure *après avoir/ après être* + past participle.

E Students find five examples of *après avoir/être* in the texts on page 38 and translate them into English.

Answers:

1 *après avoir acheté* – after buying

2 *après avoir commencé* – after starting

3 *après avoir choisi* – after choosing

4 *après avoir consulté* – after consulting

5 *après être rentrée* – after returning

Grammaire active

page 40

Planner

Grammar focus

♦ *après avoir/après être*
♦ Identifying verb tenses

Resources

♦ Student Book page 40
♦ CD 1 track 21

---

après avoir/après être

Students are reminded of the use of *après avoir/ après être* + past participle, and of past participle agreements after *être*.

1 Students complete sentences on the subject *Julie utilise son portable* using the verbs given in brackets.

Answers:

a *Après **être rentrée***

b *Après **avoir fait***

c *Après **avoir lu***

d *Après **avoir parlé***

e *Après **être montée***

f *Après **s'être retrouvées***

2 Students make up five similar sentences using *après avoir/après être* on the subject *Martin utilise Internet*. Key verbs are given.

Possible answers:

Various answers are possible, e.g.

1 *Après être revenu chez lui, il a téléchargé une vidéo.*

2 *Après avoir écouté de la musique, il a regardé un film.*

3 *Après avoir lu un email, il a écrit une réponse à son copain.*

4 *Après avoir trouvé des informations, il a fait ses devoirs.*

5 *Après avoir obtenu des renseignements, il a organisé ses vacances.*

Identifying verb tenses

Students are reminded of the importance of identifying verb tenses correctly. The use of *venir de*, *après avoir* and *après être* can cause confusion about whether something is happening now or has happened in the past. Examples of possible confusion are given, e.g. *il vient de téléphoner/ il vient de Toulouse.*

 3 Students listen to two people talking to friends on their mobiles. Each time the person speaks, students must decide whether they are referring to the present or the past. There are five statements in each conversation.

Answers:

1

a *past*   **b** *past*   **c** *past*   **d** *past*   **e** *present*

2

a *present*   **b** *past*   **c** *past*   **d** *past*   **e** *present*

CD 1 track 21   **p. 40, activité 3**

1

- Allo. Oui, oui, je viens de sortir du magasin.
- Alice a reçu un nouveau portable hier.
- Ah oui, on vient de prendre des photos.
- On s'est bien amusés, tu sais.
- Oui, oui, elles sont super-amusantes.

> **2**
>
> - Allo. Oui, je suis chez moi.
> - Bon, je suis rentré vers trois heures du matin.
> - Ben oui, je viens de me lever.
> - Quoi? Il a dû aller à l'hôpital?
> - Ah bon. Moi aussi, j'ai mal à la tête.

4 Students translate four sentences from the listening activity on page 39 into English.

Answers:

a *My son has just bought a camera on line.*

b *I have just noticed that she no longer reads.*

c *My daughter has just organised a trip to London.*

d *He has just got a very good mark for his last essay.*

5 Students translate five sentences into French.

Answers:

a *Il vient de parler avec ses parents.*

b *Ils viennent de rentrer/revenir de Paris.*

c *Nous venons d'acheter un nouvel ordinateur.*

d *Je viens de voir un clip génial sur YouTube.*

e *Il est dix heures et elle vient de se lever.*

Extra

page 42

> **Planner**
>
> *Skills focus*
> ♦ Transferring meaning
>
> *Resources*
> ♦ Student Book page 42

This page is aimed at A–A* students.

1 Students read the text about social networking and say whether statements a–j are true (*V*), false (*F*) or the information is not given in the text (*ND*).

Answers:

a *ND*	**b** *V*	**c** *V*	**d** *ND*	**e** *V*
f *F*	**g** *ND*	**h** *ND*	**i** *V*	**i** *F*

2 Students work with a partner. They prepare a conversation where a young person explains social networking to their pen-friend's grandmother, then take on the roles to act it out for the class.

Grandmother's questions are given to help students plan the content and the structure of the conversation.

Compétences

Transferring meaning – explaining in French

Students are reminded that in order to achieve A or A* grade, they must show that they can transfer meaning by explaining ideas in their own words.

They need to make sure they understand fully the main points made in the text. If they have to explain a text in French, they need to think about the language they will use, aiming to express themselves in simpler, everyday terms. In addition, giving examples to illustrate a point shows understanding and the ability to develop ideas.

For activity 2, students can plan their answer by first listing the vocabulary and structures that could be used to answer each of grandmother's questions, then putting this language into sentences.

For activity 3, students can list vocabulary and structures under the headings *Avantages* and *Problèmes*, and include an example to illustrate each point they make.

3 Students write 150–200 words on the topic of social networking and young people, explaining how social networking works, and discussing both the advantages for young people and the problems.

Unit 3 Assessment offers exam practice for this unit.

Unité 4   Le cinéma

Unit objectives

By the end of this unit students will be able to:
♦ Talk about different types of film and changing trends
♦ Write a review of a good film they have seen
♦ Consider the relative merits of cinema and alternative ways of viewing films
♦ Talk about the place of cinema in French culture

Grammar

By the end of this unit students will be able to:
♦ Use prepositions correctly
♦ Use the perfect tense in French
♦ Use the pluperfect tense in French

Skills

By the end of this unit students will be able to:
♦ Structure a film review
♦ Speak effectively from notes

page 43

1 Students work in pairs to ask each other the questions listed about watching films and their film preferences, and then individually present information about their partner to the class. Key vocabulary regarding film types is given.

2 Students complete the phrases with information about:

♦ the last film they saw
♦ their favourite film
♦ their favourite actor
♦ their favourite actress

and then compare their answers with other members of the class.

3 Students look at statements a–e and consider the points they make about various aspects of new technology, and how it might be replacing traditional cinema. They say whether or not they agree, giving reasons for their answers.

Vous aimez quoi comme film?

pages 44–45

Planner

Grammar focus
♦ Prepositions

Skills focus
♦ Writing a film review

Key language
♦ *un acteur, une actrice, un personnage*
♦ *l'adaptation d'un roman, une comédie dramatique, une comédie/un film comique, un dessin animé, un film d'action et d'aventures, un film d'horreur, un film fantastique, un film romantique, un film de science-fiction, un polar/un film policier*
♦ *doublé en français, en version originale, un film sous-titré, sur le grand écran, les effets spéciaux*
♦ *jouer un rôle*

Resources
♦ Student Book pages 44–45
♦ CD 1 tracks 22–23
♦ *Feuilles de travail* 4.1, 4.2 and 4.3, CD 3 track 7
♦ Grammar Workbook page 18

 1a Students listen to and read details of three French films. For each, they note what sort of film it is.

Answers:
1 *un drame policier*
2 *un drame animé*
3 *un film fantastique d'action et d'aventures*

CD 1 track 22	p. 44, activité 1a

1   En salle un, *Roman de gare* de Claude Lelouch avec Dominique Pinon, Audrey Dana et Fanny Ardant. Lelouch retrouve la forme avec un drame policier.
Judith Ralitzer, auteur à succès, est en quête de personnages pour son prochain livre. Un tueur en série vient de s'échapper de la prison de la santé. Huguette, coiffeuse dans un grand salon parisien, va changer leur destin...

> **2** En salle deux, *Persepolis* de Marjane Satrapi
> et Vincent Paronnaud avec Chiara Mastroianni
> et Catherine Deneuve. Marjane Satrapi anime
> sa bande dessinée.
> Téhéran 1978: Marjane, huit ans, vit la
> révolution, puis l'instauration de la République
> islamique. Plus tard, la guerre contre l'Irak
> entraine bombardements, privations et
> disparitions de proches. Ses parents décident
> alors de l'envoyer en Autriche pour la protéger.
> A Vienne, Marjane vit à 14 ans sa deuxième
> révolution: l'adolescence, la liberté, l'amour
> mais aussi l'exil, la solitude et la différence.
>
> **3** En salle trois, *Spider-Man 3* de Sam Raimi
> avec Tobey Maguire et Kirsten Dunst.
> La suite des aventures de l'araignée la plus
> connue de la planète.
> Peter Parker/Spider-Man semble avoir réussi à
> concilier son histoire d'amour avec Mary Jane
> et ses responsabilités de super-héros. Mais
> une bactérie extra-terrestre trouve le chemin
> de son costume et infecte son organisme,
> entrainant des mutations inattendues...

1b Students read the text and find the French words
for key vocabulary items.

Answers:

a *un personnage*

b *un tueur en série*

c *une bande dessinée*

d *la suite*

e *une histoire d'amour*

f *un super-héros*

1c Students read opinions of the three films and
decide which film is referred to in each.

Answers:

1 *Persepolis*

2 *Spider-Man 3*

3 *Roman de gare*

F 4.3 *Feuille de travail* 4.3 provides additional reading
practice on the theme of French cinema.

2a Students listen to Caroline and Marc discussing
which of the three films to see. They answer gist
questions in French.

Answers:

a *Spider-Man 3*

b *Persepolis*

c *Roman de gare*

> **CD 1 track 23** p. 45, activités 2a et 2b
>
> **M**–Si on allait voir *Spider-Man 3*? On dit que les
> effets spéciaux sont super.
> **C**–Ah non, moi je n'ai pas du tout envie de
> voir ça. J'ai horreur de ces blockbusters
> américains à budget colossal et aux effets
> spéciaux exagérés. En plus, on a déjà regardé
> un film d'action hier soir, à la télé.
> **M**–Mais, à la télé, sur le petit écran, c'est pas du
> tout la même chose. Les films grand spectacle,
> il faut absolument les voir au cinéma. Et puis,
> je croyais que tu avais aimé les deux premiers
> *Spider-Man*?
> **C**–Peut-être, mais on les a vus en anglais. Là,
> dans ce cinéma, *Spider-Man 3* est doublé en
> français, je n'aime pas ça. Moi, je préfère voir
> les films en version originale.
> **M**–Oui, je sais, mais les sous-titres, c'est pas
> idéal non plus, surtout pour un film d'action.
> **C**–De toute façon, ce soir j'ai envie de voir un film
> qui fait réfléchir. Alice m'a dit que *Persepolis*
> était super, et d'après les critiques, c'est un
> film très original.
> **M**–Tu plaisantes! Un dessin animé, en noir et
> blanc, sur l'histoire de l'Iran... non merci! On
> est vendredi soir, je ne veux pas assister à un
> cours d'histoire politique! Le cinéma, pour moi,
> c'est surtout un divertissement.
> **C**–Mais quand je t'ai offert la bande dessinée
> comme cadeau d'anniversaire, tu m'as dit
> qu'elle était très intéressante. Il parait que
> l'adaptation est très réussie.
> **M**–Bon, mais je voudrais bien relire le livre
> avant de voir le film. On ira le voir la semaine
> prochaine, si tu veux. Allez, il faut prendre une
> décision. Tu as entendu parler du nouveau
> Lelouch, *Roman de gare*? C'est un polar,
> non? Je crois qu'il s'agit d'un tueur en série...
> **C**–Vous êtes tous les mêmes! Pourquoi cette
> obsession pour la violence, les crimes et les
> morts? Mais bon, Lelouch, c'est un réalisateur
> formidable, un des plus grands metteurs en
> scène du cinéma français. Alors, si tu veux
> aller voir ça, d'accord, je veux bien.

2b Students listen again and match opinions
with speakers.

Answers:
Caroline: b, c, d, e
Marc: a, f

2c Students reread the statements from activity 2b
and say which statements they agree with.

F 4.1 *Feuille de travail* 4.1 provides additional listening
activities on this theme.

3 In groups, students prepare then act out a scene
from a well-known film. The rest of the class guess
the film.

F 4.2 *Feuille de travail* 4.2 provides additional speaking practice on this theme, where students try to persuade each other to see a given film.

Grammaire

Prepositions

This grammar section focuses on prepositions. It points out that not all French prepositions have a direct equivalent in English, so it is not always possible to translate them literally.

A Students look at the phrases containing prepositions in activity 1c (in bold), list them and work out what their English equivalents are.

Answers:

en noir et blanc – in black and white

de l'Iran – of Iran

avec simplicité – with simplicity

en même temps – at the same time

avec humour – with humour

en fin de compte – at the end of the day

à mon avis – in my opinion

sans doute – undoubtedly

de la série – of the series

parmi les plus spectaculaires – among the most spectacular

au plus gros budget – with the biggest budget

de l'histoire du cinéma – in the history of cinema

en plus – moreover

pendant tout le film – all through the film

jusqu'à la fin – right until the end

à voir – to see

à revoir – to see again

Compétences

Writing a film review

This section provides tips on how to approach writing a film review.

A structure is suggested (introduction; brief outline of the story using the present tense; comment on the characters and acting; description of what is special about the film and why the student liked it) with sample text for each section.

A Students list under the four headings of the structure any other phrases from pages 43–45 which they could include in their review.

B Students write in French a review of 150–200 words of a film that they have seen recently.

Le cinéma traditionnel ou le cinéma personnalisé?

pages 46–47

Planner

Grammar focus

♦ The perfect tense

Skills focus

♦ Speaking from notes

Key language

♦ *l'avenir, un commentaire, la concurrence américaine*
♦ *un DVD, un film classique, un film en 3D, les lunettes*
♦ *la location de films sur Internet, le téléviseur à écran large et plat*
♦ *apprécier, découvrir, louer un DVD, plaire (à quelqu'un), tourner/réaliser un film*
♦ *le film m'a plu*

Resources

♦ Student Book pages 46–47
♦ CD 1 track 24
♦ *Feuilles de travail* 4.3, 4.4 and 4.5
♦ Grammar Workbook pages 38–43

1a Students skim the four accounts of different experiences of watching films and match the texts 1–4 to the pictures A–D.

Answers:
1 *C*

2 *D*

3 *A*

4 *B*

1b Students look at the accounts again and decide who is speaking for each statement a–d.

Answers:
a *Pascale*

b *Yves*

c *Françoise*

d *Nöé*

1c Students read the accounts in more detail and make a list of the advantages and disadvantages of the cinema and DVD/downloading films that are mentioned.

Avantages:
Au cinéma on a accès à la nouvelle technologie et on peut regarder les films en 3D.
On peut regarder les DVD même dans la voiture sur un lecteur DVD portable.
Avec Internet, on peut télécharger les films de son choix et les regarder n'importe quand et n'importe où, même chez soi. On n'a pas besoin de sortir ou de faire la queue au cinéma.
Inconvénients:
Au cinéma, on n'est pas sûr de pouvoir regarder le film en paix – les gens mangent du popcorn, ou renversent leurs boissons, ou se servent de leur portable pendant le film.
On peut trouver la musique trop forte.

1d With a partner, students discuss which of the points made in the accounts they agree with, and whether they prefer to go to the cinema or watch a DVD or downloaded film.

F 4.3 *Feuille de travail* 4.3 provides additional reading practice on the theme of French cinema.

 2a Students listen to a report about the importance of DVDs and downloaded films and note which four of the suggested advantages a–f are mentioned by the reporter.

Answers:
a, b, c, e

CD 1 track 24   **p. 47, activités 2a et 2b**

Les DVD ont beaucoup d'avantages par rapport aux salles traditionnelles. En premier lieu, on a un choix énorme de films. La location de films sur Internet est un secteur en pleine croissance, ce qui permet à une nouvelle génération de cinéphiles de découvrir les films classiques du passé. On a la possibilité de voir beaucoup de vieux films, qui ne figurent jamais sur les programmes de cinéma.

Deuxièmement, les DVD apportent toute une gamme de documentation contextuelle, qui nous aide à mieux comprendre le film. Il y a des interviews avec le régisseur et les acteurs qui commentent les images du film et précisent par exemple où elles ont été tournées. Chaque cinéphile a donc la possibilité de devenir spécialiste.

Troisièmement, il est évident que les nouvelles technologies favorisent le cinéma à la maison. On peut télécharger un film, le visionner sur ordinateur ou transférer le fichier numérique vers les équipements de salon. La télévision à écran large et plat nous permet d'apprécier même les films à grand spectacle chez nous.

En ce qui concerne l'avenir du cinéma français, je suis donc optimiste. Les pouvoirs publics vont certainement continuer à aider financièrement

---

le cinéma français à résister à la concurrence américaine. Il fait partie de notre culture: pour nous, le cinéma a toujours été un art et pas un produit commercial. Mais il faut reconnaître qu'aujourd'hui, le cinéma est un art global. Les DVD nous permettent de découvrir les meilleurs films français du passé et aussi les bons films de tous les pays du monde.

 2b Students listen again to the report and complete the sentences in French.

Suggested answers:
a ... *découvrir les films classiques du passé.*
b ... *sur les programmes de cinéma.*
c ... *mieux comprendre le film.*
d ... *les images du film.*
e ... *où les images du film ont été tournées.*
f ... *le cinéma à la maison.*
g ... *apprécier même les films à grand spectacle chez nous.*
h ... *résister à la concurrence américaine.*
i ... *un produit commercial.*
j ... *les meilleurs films français du passé et aussi les bons films de tous les pays du monde.*

3 Pairwork speaking. Student A is a film fan trying to persuade his/her parents to buy a widescreen TV; student B is the mother/father, who prefers going to the cinema. Before doing this activity, students should read the advice on 'Speaking from notes' in *Compétences*. They then prepare their arguments and act out the role-play.

4 Students write an answer to the question *Les DVD et les films qu'on peut télécharger sur Internet, vont-ils remplacer le cinéma traditionnel?* They should include advantages and disadvantages, and also give their own opinion. Remind them to think about how they will structure their reply before beginning (refer them to the *Compétences* skills on page 45) and to use the language learned in this unit.

Compétences

Speaking from notes

This section provides tips on speaking from notes, e.g. how to structure the notes and what to include. Students should read through this section before they complete activity 3.

F 4.5 *Feuille de travail* 4.5 provides additional practice speaking from notes, reviewing and talking about a film.

Grammaire

The perfect tense: le passé composé

This section focuses on the use and formation of the perfect tense. Students are reminded that most verbs use the auxiliary *avoir*, but that thirteen verbs of movement and all reflexive verbs use the auxiliary *être*, in which cases the past participle agrees with the subject of the verb.

A Students look at Françoise's text on page 46, list the verbs used and translate them.

Answers:
je suis allée – I went
le film m'a plu – I liked the film
j'ai trouvé – I found
les gens ont commencé – people started
l'enfant a versé – the child spilled
la fille n'a presque pas regardé – the girl barely watched
elle a envoyé et reçu – she sent and received

B Students complete the sentences with verbs in the perfect tense. All verbs appear in Yves' text on page 46.

Answers:
1 *Yves **a téléchargé** un film excellent.*
2 *Il **s'est installé** sur le canapé.*
3 *Il **a pris** son ordinateur portable.*
4 *Il **a passé** une soirée agréable.*

C Students translate the sentences into French using verbs that appear in Pascale's account on page 46, paying particular attention to agreements.

Answers:
1 *La famille est partie en vacances.*
2 *Les vacances se sont très bien passées.*
3 *Ma sœur s'est disputée avec son frère.*
4 *Nous sommes arrivés sans problèmes.*

D Students complete the sentences with the correct form of the verb in brackets. All the verbs appear in Nöe's account on page 46.

Answers:
1 *Nous **avons dû** rentrer au cinéma.*
2 *Je **me suis habitué(e)** au bruit.*
3 *Nous **nous sommes amusé(e)s.***
4 *Les lunettes **n'ont pas gêné** les spectateurs.*

F 4.4 *Feuille de travail* 4.4 provides additional practice using the perfect and pluperfect tenses.

Le cinéma en France

pages 48–49

Planner

Grammar focus
♦ The pluperfect tense

Key language
♦ *un(e) cinéaste, un(e) cinéphile, un régisseur*
♦ *les banlieues*
♦ *un chef d'œuvre*
♦ *réaliste, irréaliste*
♦ *aborder un problème, avoir du succès, impressionner, traiter le thème de…*

Resources
♦ Student Book pages 48–49
♦ CD 1 track 25
♦ *Feuille de travail* 4.4
♦ Grammar Workbook page 48

1a Students read texts about the history of French film and put them in chronological order.

Answers:
1 *D*   2 *A*   3 *F*   4 *G*   5 *B*   6 *E*   7 *C*

1b Students match sentence halves relating to the texts.

Answers:
1 *c*   2 *a*   3 *d*   4 *b*   5 *h*   6 *f*   7 *e*   8 *g*

Grammaire

The pluperfect tense

This section explains how to form and when to use the pluperfect tense. It is used to say that something **had** happened, and stresses that events are further back in time than the perfect or imperfect. It is mainly used in reported speech or to give reasons based on earlier events.

A Students study the sentences in activity 1b and say why the pluperfect tense was used in each one.

Answers:
reported speech, giving reasons based on earlier events

B Students choose three of the extracts on page 48 and write down the examples of the pluperfect used in each one.

Answers:

A *Georges Méliès avait réalisé; ce film avait duré; les effets spéciaux avaient impressionné*

B *ils l'avaient vu; ils avaient ri; ils s'étaient très bien amusés; qui avait eu*

C *il avait connu; les Américains l'avaient aimé*

D *ils avaient inventé; ils avaient présenté*

E *ce film avait choqué; on l'avait trouvé; il avait abordé*

F *qui était sorti; Marcel Carné avait réalisé; il l'avait tourné*

G *les jeunes cinéastes... avaient imposé; qui avait influencé*

F 4.4 *Feuille de travail* 4.4 provides additional practice using the perfect and pluperfect tenses.

 2a Students listen to a report on *La Haine* and note if the statements are true (*V*), false (*F*) or the information is not given in the text (*ND*). They correct the statements that are false.

Answers:

a *F – 1995*

b *V*

c *F – ils se sentent exclus*

d *F – la violence est toujours présente*

e *ND*

f *V*

g *F – on a l'impression que ce sont des jeunes normaux*

h *F – on s'identifie avec eux*

i *V*

j *F – réaliste et inévitable*

k *F – les mêmes*

l *V*

CD 1 track 25   **p. 49, activités 2a et 2b**

Interviewer:
Apparu en 1995, *La Haine* a fait sensation en France et partout dans le monde. C'est un film en noir et blanc, qui nous présente une nuit dans la vie de trois copains de la banlieue parisienne. Vinz, Saïd et Hubert sont des jeunes ordinaires, mais qui se sentent exclus de la société française et qui vivent dans un milieu où la violence fait partie de la vie quotidienne. Nous avons parlé de ce film extraordinaire avec deux lycéens. Ce film, *La Haine*, est-il toujours d'actualité?

Chloé:
Moi, je pense que oui. Le film date de quinze ans maintenant, mais les problèmes qu'il traite sont toujours d'actualité. La violence et la haine sont toujours présentes dans nos grandes villes.

Maxime:
Mais, c'est aussi un très bon film. C'est un film de style documentaire, mais qui est aussi très drôle et très dur! Je trouve que l'idée de filmer cette histoire en noir et blanc la rend brute et réaliste.

Interviewer:
Que pensez-vous des acteurs?

Chloé:
Ils sont vraiment très convaincants et touchants! On a l'impression que ce sont des jeunes normaux, qui s'ennuient, qui s'amusent à sortir avec les copains, qui vivent leur vie quotidienne.

Maxime:
A vrai dire, ce sont des délinquants, des jeunes en marge de la société, mais en voyant ce film, on s'identifie avec eux.

Interviewer:
Comment trouvez-vous la fin du film?

Chloé:
Elle m'a profondément choquée. On s'identifie avec ces jeunes, on rit avec eux, et soudain, c'est la violence qui éclate.

Maxime:
D'une part, elle est inattendue, mais d'autre part, elle est inévitable et terriblement réaliste. Quand il y a un conflit où on a une arme, ça peut mener à des morts.

Interviewer:
Et quelles sont vos conclusions sur ce film?

Chloé:
C'est un film génial, qui démontre des faits de société ignorés. Bien qu'il soit vieux de 15 ans, on pourrait réaliser la même chose aujourd'hui. La situation en banlieue est la même et la haine existant entre la police et certains jeunes est toujours aussi vive.

Maxime:
Je trouve ça un peu pessimiste. Kassovitz ne voulait pas résoudre tous les problèmes sociaux, il voulait faire un bon film. Et finalement, c'est l'un des meilleurs films français jamais réalisés. Vraiment un film à voir et à revoir!

 2b Students listen again and note three further details.

2c Students write a paragraph about *La Haine* using the ideas and vocabulary seen in activities 2a and 2b.

3 Students do their own research and prepare a presentation about a famous French film director or film.

Grammaire active

page 50

Planner

Grammar focus
- ♦ The perfect tense
- ♦ Prepositions
- ♦ The pluperfect tense

Resources
- ♦ Student Book page 50
- ♦ *Feuille de travail 4.4*

The perfect tense: *le passé composé*

Students are reminded that the perfect tense is used to describe activities in the past and is made up of the present tense of *avoir* or *être* and the past participle.

1 Students rewrite the passage, changing the verbs from the present tense to the perfect tense.

Answers:
*Samedi je **suis allé(e)** au cinéma avec mes amis. Nous **sommes arrivé(e)s** de bonne heure et nous **avons acheté** des billets pour la séance à 21 heures. Enfin, on **a pu** entrer dans la salle, on **a pris** nos places et le film **a commencé**.*

2 Students complete three sentences with the perfect tense of the verb in brackets.

Answers:
a *J'ai lu…*
b *Les spectateurs **se sont habitués**…*
c *Elle **est rentrée**…*

Prepositions

Students are reminded that French often uses different prepositions from English.

3 Students complete the sentences with the correct prepositions.

Answers:
a *J'adore les films **d'**horreur, mais **à** mon avis ils sont plus terrifiants **au** cinéma qu'**à la** télévision.*
b ***Dans** le film Persepolis, Marjane grandit **à** Téhéran **en** Iran et puis elle part **en** Autriche.*
c *L'histoire **du** cinéma français m'intéresse, et j'aime regarder les vieux films **en** noir et blanc.*

4 Students translate English phrases which contain prepositions in French.

Answers:
a *d'une manière intéressante*
b *un écrivain à succès*
c *adapté pour le cinéma*
d *jusqu'à la fin du film*

The pluperfect tense

Students are reminded that the pluperfect tense is used to stress that events are further back in time than the perfect/imperfect.

5 Students complete sentences using the pluperfect tense of the verb in brackets.

Answers:
a *avait gagné*
b *avaient eu*
c *avait commencé*

6 Students rewrite sentences in reported speech.

Answers:
a *J'ai dit que je m'étais renseigné…*
b *Il a dit qu'il avait vu le premier film… et qu'il l'avait trouvé…*
c *Mes amis ont raconté qu'ils avaient décidé…*

7 Students write an account of the interview in reported speech.

Possible answer:
*L'actrice a dit aux reporters **qu'elle avait accepté** ce rôle parce que le rédacteur **lui avait téléphoné** d'Hollywood. Elle a ajouté **qu'elle n'avait pas tourné** de film d'horreur avant, mais **que** tout **s'était bien passé**. Elle a expliqué **qu'**au début, **elle avait eu** des difficultés à jouer auprès des vampires, mais **qu'ils avaient tous été** très gentils et **qu'ils l'avaient beaucoup aidée**. Elle a raconté **que** le dernier jour du tournage, **ils s'étaient tous habillés** en vampire et **qu'ils étaient sortis** au restaurant. Elle a dit **qu'elle avait trouvé** ça très amusant!*

8 Students use the pluperfect tense to write a similar account of an interview with a French actor in which he describes his experiences filming a comedy in New York.

F 4.4 *Feuille de travail 4.4* provides additional practice using the perfect and pluperfect tenses.

Extra

page 52

Planner

Resources
♦ Student Book page 52
♦ CD 1 track 26

This page is aimed at A–A* students.

1 Students read the article on page 52 about Edith Piaf and answer questions in English.

Answers:

a *a film about her called 'La Môme'* (1)

b *it's a mixture of joy and sadness, passions and heartbreak* (2)

c *she puts everything into them; they are still listened to today, both in France and in other countries* (3)

d *her father was a contortionist in a circus; her mother sang in the streets; her grandmother ran a brothel* (3)

e *when she was 18* (1)

f *triumphs in concerts in Paris and in New York; the love of her life, boxing champion Marcel Cerdan, died in a plane crash in 1949* (3)

g *excess, drugs, alcohol, exhaustion* (4)

h *her music is as moving as her life is passionate; she symbolises a particular time, seen as a golden age; her life was a drama – she lived what she sang* (3)

 2 Students listen to a report from Los Angeles about the release of the film *La Môme*, called *La Vie en Rose* outside France, and complete sentences with a word or figure from the box.

Answers:

a *aimé*

b *populaire*

c *anglais*

d *60*

e *Internet*

f *600 000*

g *322*

h *américaines*

i *favorise*

CD 1 track 26   **p. 52, activité 2**

La Môme d'Olivier Dahan est devenu *La Vie en Rose* pour sa sortie outre-Atlantique vendredi dernier. Contrairement à l'immense majorité des films étrangers aux Etats-Unis, la sortie du mélodrame a été remarquée par les grands journaux et a généré des critiques très favorables.

Comme c'est parti, le film pourrait rivaliser avec *Le Fabuleux Destin d'Amélie Poulain*, le premier film français aux Etats-Unis en termes de box-office avec 33 millions de dollars et cinq nominations aux Oscars. On parle déjà d'une nomination pour Marion Cotillard, qui incarne Edith Piaf dans le film, et qui avait été repérée pour ses rôles en anglais dans *Big Fish* de Tim Burton et *A Good Year* de Ridley Scott.

Initialement prévu sur sept écrans à New York, Los Angeles et San Francisco, *La Vie en Rose* devrait se répandre rapidement dans une soixantaine de salles. Le distributeur a investi dans une grosse campagne publicitaire avec des concours radio et des publicités sur des blogs. Mais c'est un gros pari, car un succès pour un film français se mesure dès 500 000 ou 600 000 dollars de recettes. Par comparaison, *Spider-Man 3* a engrangé 322 millions de dollars le premier mois.

Il est donc remarquable que, chaque année, une moyenne de 25 à 30 films français sortent aux Etats-Unis. Mais les studios américains produisent aussi des versions américaines d'originaux français, des remakes. Un remake du film *Dîner de cons* est actuellement en production avec Sacha Baron Cohen, alias Borat. En plus, le cinéma français bénéficie de nouvelles plate-formes de distribution leur donnant une meilleure visibilité, comme le *pay-per-view* à la télévision et la location de DVD sur Internet.

3 Students take on the role of someone working for an advertising agency and write a paragraph persuading people to go and see *La Môme*.

Unit 4 Assessment provides exam practice for this unit.

Unité 5   La musique

Unit objectives

By the end of this unit students will be able to:
♦ Talk about music they like and how music defines personal identity
♦ Discuss music in popular culture and festivals
♦ Discuss different types of music and changing trends

Grammar

By the end of this unit students will be able to:
♦ Ask questions in French
♦ Use demonstrative adjectives and pronouns

Skills

By the end of this unit students will be able to:
♦ Deal with cloze tests
♦ Tackle a longer reading text
♦ Respond to a poem or song lyrics

page 53

1 Students discuss the music they like in pairs, using stimulus questions: *La musique, est-elle importante pour vous? Quelle sorte de musique préférez-vous? Et quels artistes? Quand écoutez-vous la musique? Avez-vous déjà écouté de la musique aujourd'hui? Quand? Pendant combien de temps? Allez-vous souvent aux concerts? Avez-vous déjà assisté à un festival de musique? C'était comment?* Key vocabulary covering different types of music is provided.

2a Students complete a survey about the different ways they listen to music, responding *Oui* or *Non* to questions a–j.

2b Students compare their responses to those of the rest of the class, and work out which are the most popular ways of listening to music.

2c Students listen to the results of the same survey carried out in France and note the percentage of young people who replied *Oui* to each of the questions a–j.

Answers:
a *14,7 %* **b** *1 %* **c** *3,3 %*   **d** *10,3 %* **e** *20,4 %*
f *14,7 %* **g** *6 %* **h** *18,3 %* **i** *10,6 %* **j** *1,5 %*

CD 1 track 27	p. 53, activité 2c

Plus de six mille internautes ont participé à notre sondage, en répondant à la question: « Quelles sont vos sources d'approvisionnement de musique? » Voici leurs réponses.

---

a	14,7 % des jeunes achètent des CD audio
b	1 % seulement achètent des DVD audio
c	3,3 % achètent de la musique en ligne légalement
d	10,3 % se rendent à des concerts
e	20,4 % écoutent la musique en streaming
f	14,7 % l'écoutent à la radio
g	6 % regardent des chaines musicales à la TV
h	18,3 % téléchargent leur musique illégalement
i	10,6 % des jeunes disent que leurs amis la leur fournissent
j	Et 1,5 % n'écoutent pas de musique

2d Students discuss which, according to the survey, are the most popular ways of listening to music in France.

Ma musique, c'est moi!

pages 54–55

Planner

Grammar focus
♦ Asking questions in French

Skills focus
♦ Dealing with cloze tests

Key language
♦ *une chorale, un festival de musique, un gout, les musiques du monde, la vie quotidienne*
♦ *affirmer/exprimer son identité, appartenir à un groupe, assister à un concert, se concentrer, se décontracter*

Resources
♦ Student Book pages 54–55
♦ CD 1 track 28
♦ *Feuilles de travail* 5.2 and 5.5
♦ Grammar Workbook pages 12, 29

1a Students match the questions 1–8 to the answers a–h to complete the interview with Julien.

Answers:
1 *f*	2 *g*	3 *h*	4 *a*
5 *e*	6 *c*	7 *b*	8 *d*

1b Students interview a partner, using the questions from the interview.

Unité 5   La musique

F 5.2 Additional speaking practice on this theme is provided on *Feuille de travail 5.2*.

Grammaire

Asking questions in French

This section looks at different ways of asking questions:

1 by adding a question mark at the end of a statement and using rising intonation
2 by using *est-ce que* + subject + verb
3 by inverting subject and verb
4 by using a question word, e.g. *Qui? Quand? Pourquoi?* etc.

A Students look back at the questions from activity 1a and categorise each one as type 1, 2, 3 or 4 (to correspond with the four different question types listed).

Answers:
1 4+3   2 4+3   3 1   4 4+3
5 2   6 4+3   7 4+3 8 4+3

B Students translate questions 4–8 from activity 1a into English.

Answers:
1 *Why is music important to you?*
2 *Do you concentrate exclusively on the music when you are listening to it?*
3 *What do your parents think of your passion for music?*
4 *What sorts of music do your friends prefer?*
5 *How do you listen to music?*

C Students make up two new questions about music to add to those in activity 1a.

2a Students read the short text on page 54 and note in English the five points made by the author.

Answers:
a *music is an integral part of young people's lives*
b *it is a constant thread throughout their daily lives no matter where they are*
c *music is both entertainment and a sign of recognition and of belonging to a group*
d *it is both a reason for and a promoter of social interaction*
e *it represents one of the main cultural dimensions (along with sport and cinema) of youth culture in many countries*

2b Students find synonyms in the text for the phrases a–e.

Answers:
a *l'univers des jeunes*
b *leur vie quotidienne*
c *une distraction*
d *la sociabilité*
e *des dimensions majeures*

2c Students say whether they agree with the author of the article. Encourage them to give reasons.

 3a Students listen to an interview with Mathis and Louise where they talk about how important music is to them. They answer questions a–k, giving the number of details specified in brackets.

Answers: 19

07 **a** *elle représente une façon d'exprimer son identité personnelle (1)*
19 **b** *ses amis, ses vêtements, ses sorties, la sonnerie de son portable (4)*
34 **c** *il peut s'exprimer et être plus créatif (2)*
41 **d** *ils en parlent toujours (1)*
1.02 **e** *pour appartenir au groupe (1)*
1.07 **f** *selon son humeur (1)*
1.29 **g** *quand elle est heureuse, pleine d'énergie (2)*
1.35 **h** *quand elle se sent triste ou fatiguée (2)*
1.42 **i** *elle peut découvrir différentes sortes de musique (1)*
1.50 **j** *la musique l'aide à se concentrer et elle la détend (2)*
2.03 **k** *non, il a besoin d'un silence absolu pour travailler (2)*

CD 1 track 28	p. 55, activité 3a

Interviewer:
Mathis, est-ce que la musique est importante pour vous?

Mathis:
Pour moi, la musique est très importante, car elle représente une façon d'affirmer mon identité personnelle. Tout dépend de ma musique – mes amis, mes vêtements, mes sorties, même la sonnerie de mon portable. Tous ces aspects de ma vie sont influencés par ma musique. En plus, je joue de la guitare, ce qui me permet de m'exprimer et d'être plus créatif.
Pour les jeunes d'aujourd'hui, choisir sa musique, c'est aussi choisir ses amis. On en parle toujours, on demande aux autres: as-tu vu ce nouveau clip sur YouTube? veux-tu aller à ce festival? que penses-tu de cette nouvelle chanson? On partage la musique qui nous plaît, on va ensemble aux concerts… Ceux qui ne s'y intéressent pas n'appartiennent pas au groupe.

Interviewer:
Louise, est-ce que la musique est importante pour vous?

Louise:
Evidemment, mais je pense que je suis moins fanatique que Mathis. Moi personnellement, je m'intéresse à toutes sortes de musique, et ce que j'écoute à un moment donné dépend surtout de mon humeur. Quand je suis heureuse, pleine d'énergie, j'écoute du rock fort et puissant. Mais si je me sens triste ou fatiguée, je préfère choisir quelque chose de plus calme et de plus doux. Je chante dans une chorale, et cela me permet aussi de découvrir différentes sortes de musique. Je remarque aussi que la musique m'aide énormément à me concentrer. Je l'écoute toujours en faisant mes devoirs, car je trouve aussi qu'elle me détend. Mais chez mon frère, c'est le contraire; il a besoin d'un silence absolu pour travailler sérieusement. Cela peut causer pas mal de problèmes à la maison.

3b Students prepare a short presentation where they summarise Mathis and Louise's answers. They try to speak fluently and confidently for a minute using their notes.

4 Students write a 200 word reply to the question *La musique est-elle un moyen d'exprimer son identité personnelle?* using the ideas and vocabulary in earlier activities.

Compétences

Dealing with cloze tests

This section gives students tips on dealing with cloze tests, notably making sure they understand the language before and after the gap, linking gapped statements to the correct part of a source passage and using their knowledge of grammar to narrow the range of options for each gap.

A Students complete the gaps in the text with a noun or adjective chosen from those in the box. They are reminded to work out whether nouns have to be masculine or feminine, singular or plural, and to look at the agreement and position for adjectives.

Answer:
*Quand on joue dans un **orchestre**, il faut consacrer plusieurs heures par **semaine** à la **musique**. Mais pour les **bons** musiciens, cela est un vrai **plaisir**. Ils n'ont pas envie de devenir **riches**, simplement de partager leur passion **profonde**.*

B Students complete the gaps in the text with a verb chosen from those in the box. They are reminded to check that the tense is appropriate and that the verb endings agree with the subject.

Answer:
*En général, je **télécharge** un album après avoir **regardé** un clip du groupe sur YouTube. Ensuite, si l'album me **plaît**, je regarde si le groupe **vient** en concert prochainement près de chez moi. Si c'est le cas, j'**attends** le concert pour **acheter** l'album sur place, sinon je commande sur Internet.*

C Students complete the gaps in the text with words chosen from those in the box.

Answer:
*La musique joue un **rôle** important dans la vie **quotidienne**. Les jeunes, qui se sont vite **adaptés** au **monde** numérique, l'écoutent presque **constamment**. Ils s'entourent de **musique** pour **pratiquer** d'autres activités: ils écoutent leur iPod tout en **lisant**, même en **jouant** à un jeu vidéo. Sont-ils donc **isolés**? Au contraire, ils ont souvent plus de rapports **sociaux** que leurs parents! La musique semble **permettre** aux jeunes de **se faire** des amis tout en **affirmant** leur identité **individuelle**.*

F 5.5 Further practice with cloze tests is provided on *Feuille de travail 5.5.*

La musique et la culture populaire

pages 56–57

Planner

Grammar focus
♦ Demonstrative adjectives and pronouns

Key language
♦ *une ambiance, un casting, une comédie musicale, le divertissement, une évaluation, un évènement, un(e) musicien(ne), la musique d'ambiance, une représentation, le rythme, un sentiment*
♦ *une mélodie, mélodieux*
♦ *chanter/interpréter une chanson, enregistrer, faire du karaoké, jouer dans un groupe de musique, se passionner pour, sortir un album*

Resources
♦ Student Book pages 56–57
♦ CD 1 track 29
♦ *Feuilles de travail 5.3 and 5.4*
♦ Grammar Workbook pages 11, 28

1a Students read the texts about music and popular culture and answer questions a–e.

Unité 5   La musique

Answers:

a *Nathan*

b *Emma*

c *Julie*

d *Lola*

e *Noah*

1b Students complete sentences to paraphrase ideas expressed in the texts.

Possible answers:

a *... les décors, les costumes et les artistes.*

b *... c'est monotone.*

c *... préparer une playlist.*

d *... son intensité.*

e *... d'un côté corrosives ou de l'autre gentilles et positives.*

1c Students work with a partner to list the different aspects of music mentioned in the texts on page 56 and for each discuss whether or not they agree with the opinions expressed in the texts.

Answers:

Les comédies musicales, une soirée musicale/ dansante, la musique de supermarché, la musique d'ambiance, les sonneries des portables, le métal, les concours d'amateurs (musicaux).

1d Students share their ideas through presentation and discussion with the class.

1e Students add to the list three other examples of music that is part of popular culture.

2a Students reread the texts and list the adjectives and phrases used to describe music. They add their own adjectives to the list.

2b Students describe to a partner music that they like and music that they don't like using vocabulary from activity 2a.

F 5.3 Additional reading practice on this theme can be found on *Feuille de travail* 5.3.

 3a Students listen to three young people talking about music festivals and complete information in a grid.

Answers:

Festival	C'est quand?	Quel genre de musique est proposé?	Pourquoi y est-il/ elle allé(e)?	Deux autres détails mentionnés
1 Festival Interceltique de Lorient	*chaque été*	*la musique traditionnelle des pays celtiques*	*habite en Bretagne; parle breton; aime bien la musique traditionnelle bretonne*	*musiciens de tous les pays celtiques (l'Irlande, l'Ecosse, le pays de Galles); instruments traditionnels (la cornemuse); permet de célébrer la diversité et la richesse de la culture celte; une des manifestations culturelles les plus importantes de la France*
2 Festival d'Aix-en-Provence	*juillet*	*la musique classique, surtout l'opéra*	*joue du violon et du piano; prend des leçons de chant*	*une affinité particulière avec les opéras de Mozart; représentations en plein air*
3 Festival de Paris-Plage	*tous les vendredis et samedis soirs en été*	*le rock*	*adore le rock; tous les concerts sont gratuits*	*deux plages au bord du fleuve; pendant la journée – des activités sur le sable/ sous les palmiers pour les enfants et pour ceux/celles qui ne partaient pas en vacances*

CD 1 track 29 p. 57, activité 3a et Grammaire B

1 L'année dernière, j'ai assisté au Festival Interceltique de Lorient, qui a lieu chaque été. J'adore ce festival, parce que j'habite en Bretagne, je parle breton et j'aime bien la musique traditionnelle de cette région. Ce festival réunit des musiciens de tous les pays celtiques – l'Irlande, l'Ecosse, le pays de Galles, etc. J'ai beaucoup aimé ceux qui jouaient des instruments traditionnels, comme la cornemuse. Nous, les Bretons, on est minoritaires en France, mais ce festival nous permet de célébrer la diversité et la richesse de la culture celte. C'est un grand évènement aussi et, à mon avis, une des manifestations culturelles les plus importantes de la France.

2 Moi, je joue du violon et du piano et je prends aussi des leçons de chant. Au mois de juillet, je suis allé au festival d'Aix-en-Provence avec ma mère, qui se passionne pour l'opéra. On y est allés parce que, de tous les festivals de musique européens, celui d'Aix a une affinité particulière avec les opéras de Mozart. J'ai vu plusieurs représentations inoubliables. J'ai surtout aimé celles qui étaient données en plein air. Ce festival est un 'must' pour les amateurs de musique classique.

3 Moi personnellement, j'adore le rock. Cet été, je suis allé au Festival de Paris-Plage, qui s'est déroulé tous les vendredis et samedis soirs sur les bords de Seine. Deux plages avaient été créées au bord du fleuve. Pendant la journée, il y avait des activités sur le sable et sous les palmiers pour les enfants et pour ceux et celles qui ne partaient pas en vacances. Et le soir, il y avait des concerts de rock pour les jeunes. Ce festival est super, et tous les concerts sont gratuits!

3b Students say which of the three festivals interests them most, giving their reasons.

3c Students say what they think are the advantages and disadvantages of music festivals.

4 Students write a paragraph replying to the question *Quelle est l'importance de la musique dans la culture populaire?* Remind them to use vocabulary and structures seen in this unit to improve the quality of their writing.

Grammaire

Demonstrative adjectives and pronouns

Demonstrative adjectives and pronouns are presented in a grid showing masculine/feminine, singular/plural and the English meanings.

A Students look at the demonstrative adjectives and pronouns shown in bold in the texts on page 56. For each, they list the adjective/pronoun, the noun it refers to and say why the adjective/pronoun has been chosen. They translate the phrases into English.

Julie:
celle; les comédies musicales; fem sing pronoun;
the one *I like the most*
cette; musique dynamique; fem sing adjective; I love
this *dynamic music*
Nathan:
Cette; question; fem sing adjective; **this** *question is very interesting*
celle; la musique; fem sing pronoun; but not **the one** *(the sort) that we are forced…*
cette; musique de supermarché; fem sing adjective; **this** *monotonous supermarket music*
cette; espèce; fem sing adjective; **this** *sort of 'background music'*
Emma:
celle; une musique douce; fem sing pronoun;
the one *(the sort) that creates…*
Lola:
Celui; les concours d'amateurs; masc sing pronoun;
The one *that I like the most*
Cette; émission; fem sing adjective; **this** *programme*
celui; un juré; masc sing pronoun; **the one** *who is too nasty*
celui; un juré; masc sing pronoun; **the one** *who is nice and positive*

 B Students listen again to the recording about music festivals (activity 3a). For each speaker, they note three examples of demonstrative adjectives and pronouns.

Answers:
1 *ce festival, cette région, ceux qui jouaient des instruments traditionnels*

2 *celui d'Aix, celles qui étaient données en plein air, ce festival*

3 *cet été, ceux et celles qui ne partaient pas en vacances, ce festival*

C Students translate phrases into French using the correct demonstrative adjective.

Answers:
1 **ce** *festival*
2 **ces** *chanteurs*
3 **cette** *ambiance*
4 **cet** *été*
5 **ces** *musiciens*

D Students rewrite sentences using a demonstrative pronoun in place of the underlined words.

Answers:

1 *Tous les festivals m'intéressent, mais c'est **celui** d'Aix que j'aime le plus.*

2 *Ce concert coute cher; par contre **ceux** qui ont lieu la semaine prochaine sont gratuits.*

3 *J'adore la musique. **Celle** que je préfère, c'est le jazz.*

F 5.4 Further practice using demonstrative adjectives and pronouns can be found on *Feuille de travail* 5.4.

La musique française à travers les années

pages 58–59

Planner

Skills focus
◆ Dealing with a longer reading text

Key language
◆ *les années 60, un(e) artiste, l'inégalité, le philosophe, la poésie, un rappeur/ une rappeuse*
◆ *introuvable*
◆ *attirer, diffuser, influencer, proposer, restaurer, traiter un sujet*

Resources
◆ Student Book pages 58–59
◆ CD 1 tracks 30–31
◆ *Feuille de travail* 5.1, CD 3 track 8

Compétences

Dealing with a longer reading text

This section provides tips on how to approach longer reading texts:

1 read for gist;
2 identify main ideas;
3 identify the focus of each paragraph;
4 read in more detail.

Activities A, B, C and D take the student through these steps systematically, using the text on page 58, helping them to break it down into manageable sections.

1/A Students read the passage for gist and decide which of the three statements best sums up the overall content of the text.

Answer:
2

2/B Students identify the main ideas in the text by listing 10–12 key words in the text. They say what these words say about the general themes of the passage.

3/C Students identify the focus of each paragraph and decide which paragraph each of the five subheadings would best fit.

Answer:

Paragraph	Subheading
1	d
2	a
3	e
4	c
5	b

4/D Students read the passage in more detail and decide which singer, according to the text, deals with the themes 1–6.

Answer:
1 *Diam's*
2 *Abd Al Malik*
3 *Keny Arkana*
4 *Diam's*
5 *Grand Corps Malade*
6 *Diam's*

1 Students reread the text about French rap on page 58 and decide whether statements a–h are true (*V*), false (*F*) or the information is not given in the text (*ND*).

Answers:
a *V*   b *ND*   c *F*   d *V*
e *ND*   f *F*   g *F*   h *V*

2a Students find out about music in the 60s in France by matching the names of the singers to the song titles, using clips found on the Internet.

1 *e*   2 *d*   3 *b*   4 *c*   5 *a*

2b Students read the descriptions A–E and match them to the singers in activity 2a. If they are not familiar with the singers, encourage them to use the Internet to become familiar with the necessary basic facts.

A *Johnny Halliday*

B *Juliette Gréco*

C *Jacques Brel*

D *Françoise Hardy*

E *Claude François*

2c Students find and watch clips of the five French singers pictured on the Internet. They say what differences (type of music, backing, clothes, dancing etc.) they can see between these artists from the 1960s and singers today.

 3a Students listen to a report about *yé-yé* (popular) music in France and complete the gaps in the text choosing words from those given.

Answers:

*Le yé-yé est **apparu** en France au **commencement** des années 60. Bien que le **nom** du mouvement indique une influence anglo-américaine, c'est une musique **typiquement** française. Les chansons **parlent** généralement des préoccupations des **jeunes**, et le sujet le plus populaire est l'**amour**. Après le yé-yé, les jeunes Français ont découvert les chansons au sujet des **questions** sociales, et puis une musique plus **internationale**. Aujourd'hui, le yé-yé est d'intérêt **historique** plutôt que **musical**.*

CD 1 track 30   **p. 59, activité 3a**

– C'est quoi exactement, le yé-yé?
– C'est un style de musique tout à fait particulier. Le mouvement yé-yé est né en France au début des années 60, et il est resté très populaire pendant toute cette décennie.
– D'où vient son nom?
– Le nom vient simplement de l'onomatopée *yeah! yeah!* qui ponctuait les chansons anglo-américaines du temps.
– Et quels sont les sujets des chansons yé-yé?
– Ce courant musical est axé sur les jeunes. Les sujets préférés sont donc les suivants: la jeunesse, les vacances et, avant tout, les plaisirs et les peines de l'amour.
– Mais l'année 68 a marqué la fin du yé-yé, n'est-ce pas?
– Oui. Après les évènements de mai 1968, la chanson à message social a pris son essor. Puis, les influences disco et rock anglo-saxonnes se sont imposées. A vrai dire, la musique yé-yé n'a aucune valeur musicale, et de nos jours, il est facile de s'en moquer. Mais elle a ses qualités, et moi je pense qu'elle a reflété une sorte d'insouciance joyeuse qui n'est jamais vraiment revenue après.

 3b Students listen to an advert for *Radio Yé-Yé* and answer questions a–e in English, giving the number of details in brackets.

Answers:

a *they play hit songs from singers famous in the 60s that haven't been played on commercial radio for years (1)*

b *they come from restored vinyl records that are no longer generally available; they include hits from French singers such as Johnny Halliday, Françoise Hardy, Les Chaussettes Noires and Claude François (2)*

c *hundreds (1)*

d *the title of the song; the singer; and the year when the song was first popular (3)*

e *because they add new songs nearly every day (2)*

CD 1 track 31   **p. 59, activité 3b**

Bienvenue sur Radio Yé-Yé!, la première radio Internet dédiée à la musique francophone des années 60.

Radio Yé-Yé! est une radio diffusant les chansons de la période yé-yé. Elle vous propose les grands succès des artistes des années 60, que ce soit rock, chanson ou variété. Vous y entendrez des chansons qui ne tournent plus sur les radios commerciales depuis bien des années. Plusieurs de nos pièces sont exclusives et proviennent de vinyls restaurés aujourd'hui introuvables. Vous y retrouverez les tubes des artistes français tels Johnny Halliday, Françoise Hardy, Les Chaussettes Noires et Claude François. Ces noms ne sont qu'un aperçu, nous proposons des chansons de centaines d'artistes différents. Le lecteur Radio Yé-Yé! vous permet en tout temps de savoir le titre et l'interprète de la chanson et l'année où la chanson s'est fait connaitre.

Venez nous écouter! Et revenez souvent, car nous ajoutons des nouvelles chansons presque tous les jours!

adapted from Radio Yé-Yé hompage, www.radioyeye.com

F 5.1 An additional listening activity about the musician Youssou N'Dour is provided on *Feuille de travail 5.1*.

4 Students prepare a PowerPoint presentation about a French musician of their choice. They describe his/her life and music, and download images and music clips to accompany their presentation.

Grammaire active

page 60

Planner

Grammar focus

♦ Asking questions in French
♦ Demonstrative adjectives and pronouns

Resources

♦ Student Book page 60
♦ *Feuille de travail 5.4*

Asking questions in French

Students are reminded of the four ways of asking questions in French:

1 Add a question mark and change the intonation
2 Use *est-ce que* + subject + verb
3 Invert subject and verb
4 Use a question word.

1 Students read the text and make up five questions about it in French, using a different form of question or question word each time.

Possible answers:
André est né à Paris?

Il avait quel âge quand il est parti?

A-t-il fait la connaissance d'autres jeunes à Paris?

Est-ce qu'il préférait la musique expérimentale ou la musique traditionnelle?

Pourquoi?

2 Students translate the questions a–h into French.

Possible answers:
a *Tu écoutes souvent de la musique classique?*

b *Elle joue de quel instrument?*

c *Pourquoi les jeunes n'achètent-ils plus des CD?*

d *Depuis combien de temps est-ce qu'ils téléchargent la musique?*

e *Le concert était comment?*

f *Le rap, est-il toujours populaire en France?*

g *Où est-ce qu'on peut écouter de la musique des années 80?*

h *Quels sites Internet préférez-vous?*

3 Students translate into English three rhetorical questions that could be useful for their own writing or presentations.

Possible answers:
a *What does that tell us?*

b *How could we solve this problem?*

c *What do the experts say?*

Demonstrative adjectives and pronouns

Students are reminded of the different forms (masculine, feminine, singular, plural) of demonstrative adjectives and pronouns, and of their use.

4 Students translate four short phrases into French using demonstrative adjectives.

Answers:
a *cette chanson*

b *ce titre*

c *ces mélodies*

d *cet enregistrement*

5 Students copy out a passage and fill the gaps with the correct demonstrative adjective.

Answers:
*Tu vois **cette** affiche? **Ce** matin, j'ai reçu mon billet pour **ce** concert! C'est la deuxième fois seulement que **ces** musiciens viennent en Europe, donc **cette** tournée est très importante. J'ai acheté **ce** tee-shirt et **ce** CD à l'occasion de leur premier concert il y a deux ans. **Ces** souvenirs me rappellent **cette** soirée inoubliable!*

6 Students complete sentences a–e using the correct demonstrative pronoun.

Answers:
a *celles*

b *celui*

c *celles*

d *celui*

e *celle*

7 Students translate three sentences into French using the correct demonstrative pronoun.

Possible answers:
a *En général ceux qui aiment le métal s'habillent en noir.*

b *Elle a chanté plusieurs chansons, mais nous avons aimé le plus celle qui était en français.*

c *J'ai téléchargé les deux titres, mais celui que mon ami m'a recommandé ne m'a pas impressionné.*

F 5.4 Further practice using demonstrative adjectives and pronouns can be found on *Feuille de travail* 5.4.

Extra

page 62

> **Planner**
>
> *Skills focus*
> ♦ Responding to a poem or song lyrics
>
> *Resources*
> ♦ Student Book page 62

This page is aimed at A–A* students.

Compétences

Responding to a poem or song lyrics

This section explains that when discussing a poem or a song, students need to show that they can describe and analyse four main aspects. Activities 1 to 4 guide students through these steps, with reference to the words of the song *L'âme des poètes* by Charles Trénet which appears on page 62.

1 the content (activities 1a–1b);

2 the underlying themes and ideas (activities 2a–2c);

3 the way in which the writer creates a particular atmosphere (activity 3);

4 their personal response to the work (activity 4).

1a Students match the beginnings of sentences 1–5 to their endings a–e.

Answers:
1 *b*   2 *e*   3 *a*   4 *c*   5 *d*

1b Students give more detail by completing sentences a–c and writing a few sentences of their own to summarise the content of the poem.

Possible answers:

a *Dans la première strophe, le poète raconte que, même longtemps après la disparition des poètes qui les ont écrites, et même quand ils ne se rappellent pas bien des mots, les gens chanteront toujours leurs chansons.*

b *Dans la deuxième strophe, il imagine qu'un jour on chantera cet air pour bercer un chagrin ou pour faire dormir un enfant.*

c *Dans les derniers vers, il dit que longtemps après la disparition des poètes, leur âme, par leurs chansons, évoquera toujours une gamme d'émotions chez filles et garçons, bourgeois, artistes ou vagabonds.*

2a Students consider ideas a–e and say which is not included in the poem.

Answer:
b

2b Students quote the words or phrases that express the ideas in activity 2a.

Answers:

a *la foule les chante... parfois on change un mot, une phrase Et quand on est à court d'idées On fait la la la*

c *Fera-t-il vivre un vieux mendiant ou dormir un enfant.*

d *on chantera cet air pour bercer un chagrin ou quelque heureux destin; c'est leurs chansons qui rendent gais, qui rendent tristes*

e *leur âme légère, c'est leurs chansons*

2c Students add another idea to the list in 2a.

3 Students write answers to questions a–d.

a *sérieux, mélancolique, nostalgique*

b *longtemps, longtemps, longtemps; Après que les poètes ont disparu leurs chansons courent/leur âme court encore dans les rues. La répétition oppose la permanence des chansons avec la fugacité des poètes, et souligne que les chansons ne disparaitront pas avec les poètes; elle donne un rythme calme à la chanson.*

c *on chantera cet air pour bercer... quelque heureux destin; quelque part au bord de l'eau Au printemps tournera-t-il sur un phono; c'est leurs chansons qui rendent gais.*

d *Leurs chansons courent...; La foule les chante; un jour on chantera cet air; Leur âme légère, c'est leurs chansons...; la la la.*

4 Students consider the statement 'L'âme des poètes *présente des idées profondes au sujet de la musique dans une chanson populaire'*. They write about 200 words saying whether or not they agree, giving their own opinions by summarising the ideas expressed in and quoting from the song to support the points they make.

Unit 5 Assessment offers exam practice for this unit.

Unité 6   La mode

Unit objectives

By the end of this unit students will be able to:
- ♦ Discuss attitudes to image
- ♦ Talk about ways in which image defines who we are
- ♦ Consider the influence of fashion and lifestyle trends
- ♦ Discuss the cult of celebrity

Grammar

By the end of this unit students will be able to:
- ♦ Use the imperfect tense
- ♦ Use the present participle
- ♦ Use indirect speech

Skills

By the end of this unit students will be able to:
- ♦ Use statements to compare and contrast
- ♦ Write more complex and interesting sentences

page 63

1 Students read a range of statements reflecting attitudes towards clothes and fashion. They choose the statements that apply to themselves.

2 Students compare their answers to activity 1 with those of a partner. They give a short presentation to the class, explaining the similarities and differences between their own attitude and that of their partner.

 3 Students listen to five young people as they express their opinions on body piercing and tattoos. They decide who expresses each of the views (a–e).

Answers:

a *Jean*

b *Sophie*

c *Jérémy*

d *Romain*

e *Mélanie*

CD 1 track 32   **p. 63, activité 3**

Jérémy
Pour moi, les piercings c'est juste une mode. C'est quelque chose qui fait partie du look comme les vêtements, quoi. Je ne suis pas d'accord avec ceux qui disent que c'est l'adolescent qui veut prouver son identité. C'est pas plus important que quelqu'un qui porte toujours un chapeau.

Sophie 0.41
Moi, je me suis fait percer à la langue et sur un côté du nez et j'ai trois tatouages sur l'épaule gauche et sur le dos. Depuis que je me suis fait percer et tatouer, je sens que j'ai plus de confiance en moi. Ces choses-là me sont uniques. Cela me définit, quoi.

Mélanie 1.30
C'est pas pour moi, tout ça. Pour des raisons tout à fait pratiques. C'est pas parce que j'ai des principes mais moi, je me demande toujours ce que ça va donner quand les personnes qui les portent seront plus âgées. Un tatouage à 20 ans, ça va. Mais à 60 ans?

Jean 1.17
Je ne suis pas contre mais il faut se rendre compte qu'il y des risques d'infection surtout si on ne choisit pas bien l'établissement où cela se fait. Parce qu'il n'y a pas de réglementation sur le plan sanitaire pour ce genre d'intervention.

Romain 1.34
C'est sûr que de plus en plus de jeunes veulent des piercings ou des tatouages et il y a beaucoup d'artistes qui ouvrent boutique. Moi je n'aime pas trop les piercings. Quand quelqu'un ouvre la bouche et qu'on voit du métal sur le bout de sa langue, c'est un peu dégoûtant, je trouve.

---

4 Students decide which of the opinions from activity 3 they agree with, and come up with additional reasons for and against body piercing and tattoos. They discuss their ideas in groups.

5 Students give a written response to questions about clothes and fashion. They describe their clothes and what they do/don't like to wear, explain whether designer labels are important to them and whether there are labels that they would never buy, and estimate how much money they spend on clothes each month.

Les ados et le look

pages 64–65

Planner

Grammar focus
- ♦ The imperfect tense

Skills focus
- ♦ Comparing and contrasting

Key language

♦ *une apparence, une coiffure, une marque, un piercing, un tatouage*

♦ *obsédé par, les effets psychologiques*

♦ *avoir honte (de), être conformiste, se faire percer, se faire tatouer, s'identifier à, se maquiller*

Resources

♦ Student Book pages 64–65

♦ CD 1 track 33

♦ *Feuilles de travail* 6.1 and 6.2, CD 3 track 9

♦ Grammar Workbook pages 44–47

1 As a starter activity, students look at the two contrasting images of young people and respond to questions about their appearance. They consider who looks more respectable and why, and what their appearance says about their tastes and interests. Students compare their responses with those of their partner.

2a Students read five texts in which adults talk about their image when they were teenagers. They match each statement to a person.

Answers:

a *Antoine*

b *Lorène*

c *Frédéric*

d *Pauline*

e *Catherine*

2b Students translate sentences from the texts into English.

Answers:

a *I used to wear multicoloured clothes.*

b *I used to dress myself in the first thing I found in the morning.*

c *My father used to say I looked like Count Dracula.*

d *My mother would never come shopping with me.*

e *I used to get changed to go horse riding.*

2c Students translate sentences into French using the texts to help them.

Answers :

a *Mon père me disait tout le temps d'aller chez le coiffeur.*

b *Ma mère ne comprenait pas pourquoi les cheveux blonds ne me plaisaient pas.*

c *J'adorais le noir. Tout était noir.*

d *Je ne savais pas comment acheter des habits dans des magasins normaux.*

e *Mes parents avaient une ferme et moi, j'avais un cheval.*

F 6.2 Additional speaking activities based around the theme *Mon look avant et maintenant* can be found on *Feuille de travail* 6.2.

Grammaire

The imperfect tense

This grammar section explains the uses of the imperfect tense.

A Students re-read Frédéric's account on page 64 and note the imperfect verbs he uses. They say why each of these verbs is in the imperfect tense.

Answers:

avais; description

portais; regular happening

étaient; description

lavais; regular happening

disait; regular happening

supportait; continuous action

avait; description

B Students re-read Antoine's account and say why the first seven verbs are all in the imperfect tense. They identify the tense used in the final sentence and say why it was used.

Answers:

First seven verbs refer to description, regular happening or continuous action; final verb in perfect tense; completed event in the past.

C Students revise the imperfect tense endings (see Grammar section 8.7 The imperfect tense on page 167) then translate phrases 1–5 using the imperfect of the appropriate verb from the box.

Answers:

a *mes ami(e)s **regardaient***

b *ils/elles **allaient***

c *vous **aimiez***

d *elle ne **pouvait** pas*

e *nous **choisissions***

 3a Students listen to four people (a young person, a mother, a teacher and the president of a Family Association) talking about different aspects of clothes and designer labels. They work out whether statements a–e are true or false.

Answers:

a *Faux (cette personne est en faveur de porter ce qu'on veut)*

b *Faux (99 % des jeunes disent qu'ils portent des marques la plupart du temps)*

c *Vrai*

d *Vrai*

e *Vrai*

CD 1 track 33   **p. 65, activité 3a**

1 A mon avis, avoir le choix de porter les vêtements qu'on aime ou d'avoir un piercing est important pour une jeune personne comme moi. C'est une question d'identité. Quand on porte ce qu'on veut, on peut s'identifier à une star qu'on aime, par exemple. En plus, une certaine tenue, un certain style permet de se reconnaitre.

30   2 En tant que mère je trouve inquiétant que les adolescents partout dans le monde deviennent de plus en plus obsédés par la nécessité d'avoir les grandes marques. Ils sont plus que jamais préoccupés par le look. 99 % disent qu'ils portent des marques la plupart du temps.

49   3 Moi je suis professeur dans un collège à Lyon et je connais beaucoup de parents qui ont des difficultés financières parce que leurs enfants insistent pour avoir des vêtements de marque. Je sais que dans certaines villes le problème est devenu si grave que des représentants de parents sont venus dans les collèges pour demander le retour à l'uniforme scolaire.

1.16   4 Je suis présidente d'une association de familles dans une zone résidentielle de Chartres. De plus en plus de jeunes qui ne peuvent acheter les grandes marques se sentent rejetés parce qu'ils n'appartiennent pas à un groupe. La basket de marque est devenue le premier signe de reconnaissance.

Follow-up activity:

Provide students with the following sentences and play the recording again. Students fill in the gaps to create a summary of the text.

a *C'est... d'identité.*

b *Un... permet de se reconnaitre.*

c *Les adolescents partout dans le monde deviennent ... obsédés par la nécessité d'avoir...*

d *Le problème est devenu... que des représentants de parents sont venus dans les collèges pour demander...*

e *De plus en plus de jeunes qui ne... acheter les grandes marques se sentent rejetés... n'appartiennent pas à un groupe.*

Answers:

a *une question*

b *certain style*

c *de plus en plus; les grandes marques.*

d *si grave; le retour à l'uniforme scolaire.*

e *peuvent; parce qu'ils*

F 6.1 Additional listening practice on the theme of teenagers and their look is provided on *Feuille de travail* 6.1.

3b Working with a partner, students prepare their personal response on the issue of designer labels, then present their ideas to the class.

They should address the following themes: reasons why young people are so keen to wear designer label clothes; the problems this raises for parents and for the young people themselves; any makes of clothing that they personally would never buy, and why; how important having the right image or look is to them personally.

4 Students write a paragraph comparing the 'look' or image they had at the age of 13 or 14 with the way they look and dress now. They should work on the *Compétences* section before they do this activity.

Compétences

Comparing and contrasting

This skills section focuses on how to compare and contrast past and present situations, using the imperfect tense, the present tense, and the linking phrases such as *tandis que* and *alors que*.

A Students fill in the numbered gaps in the texts by putting the infinitives provided into either the present tense or the imperfect.

Answers:

1 *étais*

2 *avais*

3 *mettais*

4 *voulais*

5 *fais*

6 *dit*

7 *connaissais*

8 *avait*

9 *était*

10 *s'habillait*

11 *met*

12 *est*

B Students translate the text from activity A into English.

Possible answer:
I was braver when I was 16. I used to put on/wear what I wanted, whereas now I pay attention/listen to what my husband says.
I knew my wife when she was 18. At that age, she was very conformist. She dressed well on Sundays to go to church, whereas now she puts on/wears (any) old clothes at the weekend. She is more at ease.

C Students translate English sentences into French using the imperfect and perfect tenses, and the conjunctions *tandis que* and *alors que*.

Answers:
1 *Je me maquillais beaucoup alors que/tandis que maintenant je ne me maquille plus.*
2 *J'avais les cheveux longs alors que/tandis que maintenant mes cheveux sont très courts.*
3 *Nous portions des vêtements bizarres alors que/tandis que maintenant nous sommes plus conformistes.*

L'influence de la mode sur notre style de vie

pages 66–67

Planner

Grammar focus
♦ The present participle

Key language
♦ *une carrière de rêve, la chirurgie esthétique, un concours, un casting, les talons hauts, une top model*
♦ *la ligne mince, maigre, mince, une ride, un trait*
♦ *s'aggraver, froncer les sourcils, frissonner, maigrir*

Resources
♦ Student Book pages 66–67
♦ CD 1 track 34
♦ *Feuille de travail 6.4*
♦ Grammar Workbook page 64

1a Students read the text about the weight of supermodels and their possible effect on young people, and decide if statements a–g are true (*V*), false (*F*) or the information is not given in the text (*ND*).

Answers:
a *V*	b *ND*	c *V*	d *ND*
e *F*	f *V*	g *F*	

1b Students read through the text again and find expressions that mean the same as phrases a–d.

a *qui s'apparente dangereusement à l'anorexie*
b *des modèles en puissance*
c *Inutile de vous dire que…*
d *leur carrière de rêve*

1c Working with a partner, students discuss whether or not they agree with the author of the article.

They should address the following themes: should photos of top models who are too thin be banned and why (not); are they themselves influenced by photos of top models and celebrities and why (not); whether this culture of worshipping excessive thinness is a problem that is seen only with girls or whether boys are also affected.

2a Working with a partner, students decide whether they think each of the listed aspects of fashion (high heels, extreme hairstyles, slimming pills, sunbeds, plastic surgery, Botox injections) is good or bad, and present and justify their opinions to the class.

2b Students add two more aspects of fashion to the list.

2c Students match the beginning of each sentence (1–6) to its end (a–f).

Answers:
1 *c*	2 *e*	3 *a*	4 *b*	5 *f*	6 *d*

3a Before doing the listening activity 3b, students check the meanings of key words (a–j) using a bilingual dictionary.

Answers:
a *prévenir – to prevent*
b *guérir – to cure*
c *le front – forehead*
d *le défaut – fault, failing*
e *une amande – an almond*
f *la ride – wrinkle*
g *la peau – skin*
h *gêné – embarrassed*
i *complexé – (to have) a complex/hang up*
j *une assurance – assurance, insurance*

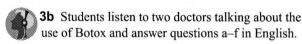 **3b** Students listen to two doctors talking about the use of Botox and answer questions a–f in English.

Answers:

a *those who have a tendency to frown a lot*

b *from the age of 20*

c *it can make the eyes look wider open and make round eyes look almond shape*

d *when wrinkles have caused a serious psychological problem*

e *once a year*

f *the use of cosmetic creams to care for and hydrate the skin*

CD 1 track 34	p. 67, activité 3b

Presenter:
Les femmes sont de plus en plus jeunes à recourir à l'injection de botox. Mais son utilité est-elle vraiment prouvée pour prévenir les rides? Et ne risque-t-on pas, au fil des ans, l'overdose? Ecoutons un médecin esthétique qui est pour l'injection de botox.

Voice 1:
Mieux vaut prévenir que guérir. Chez ceux qui ont tendance à froncer les sourcils ou le front, l'injection précoce de botox en petites doses permet d'abandonner ces mimiques qui donnent l'air fatigué. L'injection de botox peut aussi corriger dès 20 ans certains petits défauts: ouvrir le regard ou étirer en amande un œil rond. Injectée sur des points très précis, elle réveille le visage et le fait gagner en harmonie.

Presenter:
Ecoutons maintenant un dermatologue qui est contre l'injection de botox pour des raisons purement préventives.

Voice 2:
L'injection de botox est un formidable outil de réparation, mais elle présente, selon moi, moins d'intérêt en prévention. D'ailleurs, le texte de son autorisation de mise sur le marché est clair: "Elle est un recours lorsqu'une ride s'accompagne d'un retentissement psychologique important." Ainsi, dès 25 ans, une femme gênée ou complexée par ses rides d'expression un peu marquées peut se faire injecter du botox une fois par an. Mais si aucune ride n'est visible, mieux vaut avoir recours aux crèmes cosmétiques pour soigner et hydrater la peau. L'injection de botox ne constitue pas une assurance anti-âge sur l'avenir.

---

4 Students write a paragraph addressing the question *Pensez-vous que la mode exerce une mauvaise influence dans la société moderne?* They give their own opinion, using ideas and structures from previous activities.

Grammaire

The present participle

This section looks at the formation and uses of the present participle:

1 to say how something is done;
2 to show two things are being done at the same time;
3 to explain the cause or reason for something;
4 to use a verb as an adjective.

A Students translate the four example sentences given into English.

Answers:
1 *He asserts/is asserting his identity by changing his look.*
2 *She puts her make-up on while listening to music.*
3 *Because she was hungry, she ate a tomato.*
4 *Young people suffering from anorexia should see a doctor.*

B Students find four examples of the present participle in the text on page 66 and explain why it was used in each case.

Answers:
Any four from:
n'**ayant** *que la peau sur les os – 4*
en regardant *la maigreur... – 2*
passant *de Jennifer à Jen – 3*
En poursuivant *leur carrière de rêve... – 1*
En signant *une "charte..." – 1*

C Students write out the present participles of the 5 verbs given. If necessary, students can be referred to Grammar section 10 on page 172 and/or the Verb tables on page 176.

Answers:
1 *faire – faisant*
2 *prendre – prenant*
3 *dormir – dormant*
4 *choisir – choisissant*
5 *boire – buvant*

D Students look again at the sentences in activity 2c, which contain present participles. They follow the same pattern to make up sentences for the additional two aspects they suggested in activity 2b.

F 6.4 Further practice using present participles is provided on *Feuille de travail 6.4.*

Vive la célébrité!

pages 68–69

Planner

Grammar focus

♦ Indirect speech

Skills focus

♦ Writing more complex sentences

Key language

♦ *un compte bancaire, le culte de la célébrité, les people, un people/une célébrité, un pilote de course automobile*

♦ *la pression, le succès*

♦ *superdoué*

♦ *être au courant, faire des bêtises, subir un test médical, susciter la curiosité*

Resources

♦ Student Book pages 68–69
♦ CD 1 track 35
♦ *Feuilles de travail* 6.3 and 6.5
♦ Grammar Workbook pages 50–51

1a Students read the news items about various celebrities. They match each caption (a–e) to a news item (1–5).

Answers:
a *3* **b** *1* **c** *5* **d** *4* **e** *2*

1b Students search the news items for the French translations of the English phrases.

Answers:
a *elle est de retour à la une*
b *elle ne boit que du jus d'orange fraîchement pressé*
c *le barman n'était pas au courant*
d *elle n'a rien dit, pourtant*
e *surtout quand on échoue*
f *elle interprète le rôle de la petite amie*
g *dont tout le pays est amoureux*
h *le contrat vaut à peu près deux millions d'euros*
i *pour avoir tenté d'escalader la façade de l'Hôtel de Ville*
j *elles voulaient revendre les drapeaux aux enchères*

2a Working in pairs, students discuss the celebrity news items. Which do they find the most interesting, and why? Which do they feel most deserves our attention, and why? They compare their answers with those of the rest of the class.

2b Students prepare for a presentation on the theme of celebrity. They focus on positive contributions made by celebrities to society and the influence of celebrities on young people. Once they have written suitable notes, they present their ideas to the rest of the class.

2c Using ideas from the previous activities, students write a magazine article of about 100 words focusing on a famous actor or actress, a secret detail of their life that has been revealed by the press, and the person's reaction to this.

F 6.3 | Further reading practice on this theme based on an interview with Paris Hilton can be found on *Feuille de travail* 6.3.

Compétences

Writing more complex sentences

This skills section provides tips on improving writing skills, focusing on the use of conjunctions to build longer and more complex sentences.

A Students compare two extracts and consider which is the more interesting to read and why.

Students should notice that the second one is more interesting, because it features a greater variety of sentence structure and uses conjunctions to build longer and more complex sentences. The overall effect is that the text becomes clearer, is less repetitive and more interesting to read, and is less abrupt in tone.

B Students look back at the magazine article they wrote for activity 2c. They try to redraft and improve their work bearing in mind the tips given here on the use of conjunctions.

C Students exchange their redrafted magazine article with a partner. They each suggest ways of rephrasing what their partner has written.

F 6.5 | *Feuille de travail* 6.5 provides further guidance and activities to help develop writing skills.

 3a Students listen to four young people talking about whether or not they would like to be famous. Students listen while reading a gapped transcript of the text. They note down the missing words to complete the transcript.

Answers:

1 *rêve*

2 *vais*

3 *regarde*

4 *sais*

5 *suis*

6 *définis*

7 *sont*

8 *aime*

9 *veux*

10 *veux*

11 *suis*

12 *joue*

13 *sais*

14 *vais*

15 *aurai*

CD 1 track 35	**p. 69, activité 3a**

Qui ne veut pas être célèbre? Je rêve d'avoir une vie de luxe. Je vais épouser un homme riche même si je l'aime pas. L'argent est plus important que l'amour. Quand je regarde la vie des actrices ou des chanteuses célèbres, je sais que je veux absolument être comme elles.
Francine

Je pense que l'importance de la célébrité est exagérée. Je n'aime pas le fait que si je ne suis pas riche, je ne compte pas. Je ne définis pas le succès selon mon compte bancaire. Tant de gens sont corrompus par l'argent. Les personnes célèbres ne sont pas pour moi des modèles à suivre.
Grégory

Non, pas du tout. J'aime trop ma vie privée. J'apprécie trop ma liberté. Je suis libre de faire ce que je veux sans m'inquiéter de la curiosité des autres. Quand on est célèbre, on est tout le temps poursuivi par les paparazzi.
Shani

Oui, je veux être célèbre car je suis très ambitieux. Je veux devenir riche et connu. Je joue de la guitare et je compose des chansons. Je sais qu'un jour je vais réussir et devenir une grande vedette. Et puis j'aurai une fortune à dépenser en voitures, en bateaux… tout ce qui représente le bonheur, quoi.
Alphonse

Grammaire

Indirect speech

This grammar section explains indirect speech, and shows students how to switch from direct to indirect speech to report on what someone has done or said.

A Students rewrite three sentences using indirect speech.

Answers:

1 *Les jeunes ont répondu **qu'ils n'admiraient pas** les célébrités.*

2 *Elle a admis **qu'elle adorait** lire des histoires sur la famille royale.*

3 *L'acteur a dit **qu'il déplorait** l'attitude des medias.*

3b Students decide which of the young people from activity 3a they most agree with. Encourage them to use indirect speech to explain the reasons for their choice, e.g. *Je suis le plus d'accord avec… parce qu'il/elle a dit que…*

Grammaire active

page 70

Planner
Grammar focus
♦ The imperfect tense
♦ The present participle
Resources
♦ Student Book page 70
♦ *Feuille de travail 6.4*

The imperfect tense

Students are reminded of the different uses of the imperfect tense.

1 Students imagine themselves ten years into the future, looking back and describing how they used to be in terms of interests, values and priorities. Some sentence starters (*Quand j'avais seize ou dix-sept ans, je trouvais important de…; Je passais beaucoup de temps à…; Je n'aimais pas trop…; je préférais…; Je m'intéressais surtout à…*) are provided as a framework.

2 Students read a text about the hippy culture of the 1960s and 1970s, and complete gap-fill sentences to summarise the text. The missing verbs are provided in infinitive form, but students need to rewrite these in the imperfect tense.

Answers:

a *étaient contre*

b *étaient pour*

c *symbolisait*

d *signifiaient*

e *prenaient*

The present participle

Students are reminded that the present participle ends in *-ant* in French, and of its uses: to say how something is done; to show that two things are being done at the same time; to explain causes and reasons; and as an adjective.

3 Students complete sentences with the present participle of an appropriate verb taken from those listed.

Answers:

a *En refusant des injections de botox...*

b *En portant des chaussures à talons hauts...*

c *En me levant, j'ai dû...*

d *En choisissant cette couleur pour mes cheveux...*

4 Students complete sentences with *en* and the present participle of the verb in brackets.

Answers:

a *... en mangeant sain.*

b *... en faisant du sport.*

c *... en buvant beaucoup d'eau.*

d *... en utilisant une crème solaire.*

5 Students translate sentences a–d into French.

Answers:

a *En lisant cet article, je comprends mieux la vie d'une célébrité.*

b *En entrant dans le magasin, elle a remarqué les produits de beauté pour hommes.*

c *Beaucoup de femmes oublient leurs soucis en faisant du shopping.*

d *Etant un peu timide, je veux m'habiller comme les autres.*

F 6.4 Further practice using the imperfect and the present participle is provided on *Feuille de travail* 6.4.

Extra

page 72

Planner

Resources

♦ Student Book page 72

This page is aimed at A–A* students.

1 Students read the text on the influence of celebrities and reply in French in their own words to questions a–e.

Key ideas:

a *les adolescents copient le style vestimentaire des stars qu'ils voient dans les magazines et les publicités et à la télévision*

b *cela leur permet d'avoir plus confiance en eux*

c *les marques habillent fréquemment les stars*

d *leur produit se vendrait beaucoup moins bien*

e *de nombreuses émissions sont consacrées aux jeunes pour les informer du style des stars, et savoir ce qui est 'in' et ce qui est 'out'*

2 Students explain in their own words in French the meaning of phrases a–d.

3 Students summarise the ideas in the article on the influence of celebrities on young people; the reasons for this influence; the role of advertisers; the role of brands; and the role of the media.

4 Students write a response to the question *Etes-vous d'accord avec les idées exprimées dans cet article?* They give, and justify with examples, their own opinion about each aspect of the text. They may find the phrases in *Expressions-clés* useful in structuring their writing and introducing their ideas.

Unit 6 Assessment offers exam practice for this unit.

Unité 7   Allez les sportifs!

Unit objectives

By the end of this unit students will be able to:

♦ Talk about traditional and trendy sports
♦ Discuss reasons for taking part in sport
♦ Discuss the health benefits of sport

Grammar

By the end of this unit students will be able to:

♦ Use the pronouns *y* and *en*
♦ Use the future tense
♦ Use verbs linked to an infinitive with *à* and *de*

Skills

By the end of this unit students will be able to:

♦ Answer questions on a French text
♦ Use strategies to transfer meaning from French into English

page 73

1a Students try to name the two sports people in the photos.

Answers:
Thierry Henri, Amélie Mauresmo

1b Students work with a partner to list any other French sporting personalities that they know.

2a Students guess which nine sports are the most popular in France, based on the number of members of a club.

 2b Students listen to check their answers to activity 2a and note the nine sports mentioned.

Answers:
Highlighted in the transcript, and appearing in order of popularity.

CD 2 track 2   **p. 73, activité 2b**

Le sport avec le plus grand nombre de licenciés en France, c'est le **football**, suivi du **tennis**, du **judo** et de l'**équitation**. En cinquième place vient le **basket**, suivi de la **pétanque** et du **golf**. Aux huitième et neuvième places, d'après notre sondage, on trouve le **handball** et puis le **canoë**.

Follow-up activity:
Provide students with the following list of statistics and ask them to consider whether they are true or false:

1 *Les sports les plus pratiqués en France sont le vélo, la natation et la marche.*

2 *Il y a environ 18 millions amateurs de vélo en France.*

3 *Un Français sur deux est membre d'un club sportif.*

4 *La France est un des pays les plus sportifs de l'Union européenne.*

5 *Beaucoup plus de Français sont membres d'un club de tennis que de rugby.*

6 *Il y a plus de 20 mille clubs de pétanque en France.*

7 *Environ 10 % des membres de clubs de football français sont des femmes.*

8 *En ce qui concerne les ados, le tennis est tout aussi populaire avec les garçons qu'avec les filles.*

9 *90 % des jeunes gymnastes sont des filles.*

10 *Plus de garçons que de filles s'intéressent aux arts martiaux.*

Answers:

1 *Vrai*

2 *Vrai*

3 *Faux (c'est plutôt un Français sur quatre)*

4 *Vrai (parce que seulement 15 % des Européens sont licenciés)*

5 *Vrai (plus d'un million de Français sont membres d'un club de tennis, tandis que seulement 235 mille font partie d'un club de rugby)*

6 *Faux (il n'y en a que 6 600)*

7 *Faux (seulement 2,3 % sont des femmes)*

8 *Vrai*

9 *Faux (environ 72 % des gymnastes français sont féminins)*

10 *Faux (plus de 60 % des jeunes amateurs d'arts martiaux sont des filles)*

3 This activity presents five questions to discuss in class:

a *Quels sont les sports que vous aimez?*

b *Préférez-vous les sports individuels ou les sports d'équipe?*

c *Faites-vous plus de sport en été ou en hiver?*

d *Faites-vous assez de sports à l'école?*

e *Pour vous, le sport est-il un devoir ou un plaisir?*

Tu aimes les sports traditionnels?

pages 74–75

> **Planner**
>
> *Grammar focus*
> ♦ The pronouns *y* and *en*
>
> *Skills focus*
> ♦ Answering questions on a French text
>
> *Key language*
> ♦ *un adversaire, une équipe, un joueur, un spectateur/une spectatrice*
> ♦ *une montée de popularité, un sport reconnu*
> ♦ *le parapente, le parkour, le saut à l'élastique*
> ♦ *essayer, garder la forme, réagir, s'entrainer*
>
> *Resources*
> ♦ Student Book pages 74–75
> ♦ CD 2 track 3
> ♦ *Feuilles de travail* 7.2, 7.3 and 7.5
> ♦ Grammar Workbook page 25

1a Students match the sports to their picture.

Answers:
1 *D*   2 *C*   3 *B*   4 *A*   5 *E*

1b Students compete to see who can list most other sports in French in sixty seconds.

2a Students work with a partner to ask each other the questions a–i about which sports they prefer, noting their partner's responses.

2b Students work out how many blue (traditional sports) or red ('fun' sports) replies their partner gave, and compare the findings with the rest of the class.

F 7.2 See *Feuille de travail* 7.2 for additional speaking activities based on an interview with the athlete Samuel Coco-Viloin.

 3a Students listen to six young people talking about their favourite sports. They copy and complete the diagram, which requires them to identify people who prefer traditional sports, those who prefer 'fun' sports, and those who like both.

Answers:
Traditional: *a, d*
'Fun': *b, f*
Both: *c, e*

> **CD 2 track 3**   **p. 74, activités 3a et 3b**
>
> **a** – J'ai toujours été très sportive et je suis membre de plusieurs équipes à l'école. Tous les weekends j'ai un match de hockey et on s'entraine deux fois pendant la semaine.
>
> **b** – Je n'ai jamais aimé le sport à l'école, mais des trucs comme le skate et le snowboarding, j'adore tout ça. Ce sont des sports individuels et ça me plait énormément.
>
> **c** – Moi j'aime pratiquement tous les sports. En hiver, je fais du ski et du snowboarding et en été je suis au club de tennis deux ou trois fois par semaine. En vacances, j'adore faire du parapente.
>
> **d** – Moi j'adore les sports prétendus masculins. Je fais partie d'un club de rugby où on a deux équipes féminines depuis deux ou trois ans. J'aime aussi le foot, mais plutôt comme spectatrice!
>
> **e** – Ce que j'aime le plus, c'est le surf, mais en hiver je dois faire autre chose pour garder la forme et je fais donc un peu de basket au club des jeunes, ou parfois je monte à cheval.
>
> **f** – Je joue au foot tous les jours, en hiver et en été, mais quand j'ai le temps j'aime aussi essayer des choses nouvelles – le paintball, par exemple, ou le jetski.

 3b Students listen again, and complete the phrases.

Answers:
a *Elle joue au hockey au moins **deux fois pendant la semaine/par semaine**.*
b *Il préfère **les sports individuels**.*
c *Il n'a pas souvent l'occasion **de faire du parapente**.*
d *Elle préfère les sports **prétendus masculins**.*
e *Elle fait du sport toute l'année parce qu'elle veut **garder la forme**.*
f *Quand il peut, il aime essayer **des choses nouvelles**.*

4 Students read and translate into English short statements by four young people talking about 'fun' sports.

Possible answers:
a *I'm lucky enough to live very near to a beach where there's really good surfing all year round. I go whenever I've got a free moment!*
b *I'd quite like to go paragliding, but at the same time I'm a bit scared. Maybe one day – I'll think about it a bit more first!*
c *I think it takes courage to go bungee jumping, and I've got lots! I'm just waiting for my next holiday.*
d *Parkour? I tried it once, but it didn't go well. Don't let's talk about it!*

F 7.3 Additional reading activities on this theme can be found on *Feuille de travail* 7.3.

Grammaire

The pronouns y *and* en

This section summarises the use of *y* and *en*.

A Students decide whether *y* or *en* is needed in each gap.

Answers:

1 *Tu **y** vas souvent?*

2 *Elles n'**y** vont jamais.*

3 *Nous **y/en/y en** parlons tous les jours.*

4 *Je ne m'**en** souviens plus.*

5 *Et les livres? Vous **en** avez combien?*

6 *J'espère que tu vas **y** penser.*

B Students translate the completed sentences into English.

Answers:

1 *Do you go there often?*

2 *They never go there.*

3 *We talk there/about it/about it there every day.*

4 *I no longer remember it.*

5 *And the books? How many (of them) do you have?*

6 *I hope that you will think about it.*

5 Students read a text on the history of paintballing, and copy out and complete sentences a–e.

Answers:

a *Paintballing was 'born' in Australia, when a **cowboy accidentally shot another with a paintball pistol normally used for marking their livestock, and the other shot him back and then burst out laughing.***

b *Over the last five years, paintballing has **seen one of the biggest increases in popularity.***

c *As a game, it's really a mix of **hide and seek and tag, but on a more sophisticated level.***

d *It's a good unisex game because **women are really equal to men because size and physical strength aren't important, it's how quickly you can think and react that makes the difference.***

e *But above all **it's fun.***

Compétences

Answering questions on a French text

This skills section gives tips about using the language of a text to help answer questions on it.

A Students consider questions 1–4 about the paintballing text, and answering strategies a–d. They match each question to the strategy they would need to use to answer it.

Answers:

1 *c*   2 *a*   3 *d*   4 *b*

B Students answer the questions in A.

Answers:

1 *Ils marquaient leur bétail.*

2 *L'exportation en France a pris environ dix ans.*

3 *Il faut éliminer vos adversaires et capturer leur drapeau.*

4 *Les qualités importantes pour gagner sont votre habilité à penser et vos réactions.*

F 7.5 *Feuille de travail* 7.5 provides further practice answering questions in French.

6 Students research one of the 'fun' sports in France, and prepare a short presentation for the rest of the class.

7 Students write a short paragraph saying whether they prefer traditional or 'fun' sports and why.

Pourquoi faire du sport?

pages 76–77

Planner

Grammar focus

♦ The future tense

Key language

♦ *un casque, une combinaison de plongée, l'équipement, un gilet de sauvetage*

♦ *un(e) débutant(e), expérimenté, un moniteur*

♦ *l'agilité, la décontraction, l'enseignement, la liberté, une période d'inactivité, la vitesse*

♦ *la mononucléose*

♦ *(aider à) se détendre, bouger, escalader, éviter le stress, garder la ligne, perfectionner, pratiquer seul/à plusieurs, pratiquer un sport, reprendre un sport, se faire de nouveaux amis, se maintenir en forme*

Resources

♦ Student Book pages 76–77

♦ CD 2 track 4

♦ *Feuille de travail* 7.4, CD 3 tracks 11 and 12

♦ Grammar Workbook pages 54–55

---

1 Students respond orally to three general questions on the sports they do: *Quels sports avez-vous déjà pratiqués? Quels sports peut-on pratiquer dans votre école/dans votre ville? Combien d'heures de sport faites-vous par semaine?*

2 Students read four short texts and pick out the various reasons for doing sport.

Answers:
Manon: pour se détendre, pour se maintenir en forme, pour garder la ligne
Luc: pour éviter le stress, pour avoir beaucoup d'énergie, pour être membre d'une équipe
Alice: pour retrouver la forme après une maladie, pour se faire de nouveaux amis
Karim: pour le plaisir, pour le plaisir de gagner, pour s'entrainer

3 Students listen to three young people, Hervé, Isabelle and Pascal, talking about the sports they do. For each person, they make notes under six headings: which sport they do, where they do it, with whom, when, any equipment needed, and advantages/disadvantages.

Answers:
Hervé:
a *la planche à voile*
b *près de Quiberon en Bretagne*
c *avec trois amis*
d *douze mois par an*
e *une planche, une combinaison de plongée*
f *avantages: on peut devenir très musclé et profiter au maximum de la nature; cela donne d'excellentes sensations de vitesse et de liberté*
   inconvénients: c'est difficile d'en faire quand on habite loin de la mer ou d'un lac, ou quand il n'y a pas assez de vent; l'équipement peut couter cher

Isabelle:
a *l'escalade*
b *dans les Pyrénées ou sur des murs en salle*
c *avec le club de jeunes*
d *tous les weekends et pendant les vacances*
e *des cordes, des mousquetons, des pitons, un casque*
f *avantages: l'escalade est un sport très physique qui développe la concentration et l'agilité, c'est un sport qu'on peut pratiquer seul ou à plusieurs; un excellent moyen pour se faire de bons amis*
   inconvénients: les déplacements peuvent couter cher; c'est assez dangereux

Pascal:
a *le rafting*
b *dans les gorges de l'Aveyron*
c *avec d'autres/avec le camp de vacances*
d *pendant les mois de juillet et d'aout*

e *un casque, un gilet de sauvetage*
f *avantages: c'est un sport très excitant, ça permet d'aller dans des endroits où personne ne peut aller*
   inconvénients: on ne peut en faire que deux mois par an

CD 2 track 4   **p. 76, activité 3**

Hervé
J'adore faire de la planche à voile. J'habite en Bretagne, alors c'est facile pour moi de sortir pour m'entrainer. Je peux même voir la mer de la fenêtre de ma chambre! D'habitude, je fais de la planche à 10 kilomètres de Quiberon avec trois amis qui sont aussi fous que moi. Je m'entraine hiver comme été, douze mois par an. Pour faire de la planche à voile, il faut bien sûr une bonne planche – ce qui coute assez cher – et une combinaison de plongée si on veut pouvoir s'entrainer quand il fait froid.

A mon avis, la planche à voile est un sport parfait. Cela permet d'être très musclé, surtout des bras, et de profiter au maximum de la nature. Aussi, cela donne d'excellentes sensations de vitesse et de liberté. Le seul problème? C'est difficile d'en faire quand on habite loin de la mer ou d'un lac, et c'est parfois très frustrant quand il n'y a pas assez de vent.

Isabelle
Mon sport préféré, c'est l'escalade. J'en fais tous les weekends et pendant les vacances avec le club de jeunes dont je fais partie. On fait de l'escalade soit dans les Pyrénées, soit sur des murs en salle dans la région. Personnellement, je préfère escalader de vraies parois rocheuses, mais ce n'est pas toujours possible de se déplacer parce que cela coute assez cher et que le temps est parfois trop mauvais.

L'escalade est un sport assez dangereux et c'est pourquoi on doit faire très attention à la qualité du matériel. Il faut des cordes, des mousquetons, des pitons et bien sûr un casque! Ainsi, on peut profiter des frissons de l'altitude en toute sécurité.

Pour moi, l'escalade est un sport pur, très physique, qui développe la concentration et l'agilité. C'est aussi un sport qu'on peut pratiquer seul ou à plusieurs: un excellent moyen pour se faire de bons amis!

Pascal
Je fais du rafting tous les étés dans les gorges de l'Aveyron où je passe les mois de juillet et d'aout dans un camp de vacances. C'est une région superbe et tout le matériel est disponible pour pratiquer ce sport. Il y a une vingtaine de rafts, mais aussi des kayaks pour s'entrainer sur des portions calmes de rivière.

Le rafting se pratique généralement à plusieurs et on doit obligatoirement porter un casque et un gilet de sauvetage. Il est aussi bien sûr indispensable de savoir nager! J'adore le rafting parce que c'est un sport vraiment très excitant avec des

71

> sensations fortes. On a peur, on crie, on est très
> secoué et le sentiment de vitesse est incroyable.
> Aussi, cela permet d'aller dans des endroits où
> personne ne peut aller, avec de grandes falaises
> de chaque côté de la rivière.
>
> Le seul aspect négatif: je ne peux faire du rafting
> que deux mois par an.

4 Students work in pairs: student A plays the role of one of the three young people interviewed in activity 3, and student B asks questions; they then exchange roles. Students can use activity 3 as a starting point and perhaps make up supplementary questions.

5a Students read an extract from a sports camp programme and list the seven sports mentioned.

Answers:
le handball, le beach volley, le catamaran,
la planche à voile, le ski, la danse, le judo

Follow-up activity:
Ask students to read the sports programme again and choose an activity for the following types of people:

Quelqu'un qui veut:

a *faire quelque chose de créatif*

b *apprendre un sport d'hiver*

c *se détendre à la plage*

d *essayer un art martial*

e *jouer en équipe*

Answers:

a *la danse*

b *le ski*

c *le beach volley et multi-voiles*

d *le judo*

e *le handball*

5b Students find in the text the French expressions for the English words and phrases.

Answers:

a *perfectionner*

b *décontraction*

c *un débutant*

d *à son niveau*

e *le savoir faire*

f *progresser*

g *le contrôle de soi*

h *enseigner*

6 Students write a letter to a friend to persuade them to go on a *Sports Elite Jeunes* holiday. The prompts encourage them to reuse the language of the spread, including the future tense, explaining why they want to go on this type of holiday, what exactly they will do and what they will learn from the experience.

Grammaire

The future tense

This section reminds students of different ways to refer to the future in French:

♦ the present tense with a future time phrase
♦ *aller* + infinitive
♦ the future tense (*futur simple*)

A Students find seven examples of the future tense in the text on *Sports Elite Jeunes*. They decide which one is irregular.

Answers:
aidera, s'adonneront, ravira, permettra, pourront, transmettront, commenceront

(The irregular verb is *pourront*.)

B Students translate the verbs from activity A into English.

Answers:
notre programme aidera à – our programme will help to
les filles et les garçons s'adonneront à – boys and girls will immerse themselves in/devote themselves to
le site de Boulouris vous ravira – the Boulouris site will thrill/delight you
la qualité de l'enseignement… permettra au débutant – the quality of the teaching… will allow the beginner
les jeunes pourront découvrir – young people will be able to discover
c'est ce que nos moniteurs transmettront – that's what our instructors will pass on/communicate
ils commenceront aussi à enseigner – they'll also begin to teach

C Students rewrite the infinitives in the future tense to match the given pronouns. If they need support, they can refer to Grammar section 8.12 on page 169.

Answers:

1 *on jouera*

2 *ils feront*

3 *nous pourrons*

4 *je m'amuserai*

5 *tu nageras*

6 *elles apprendront*

7 *vous passerez*

8 *il expliquera*

9 *elle partira*

F 7.4 Further practice talking about the future is provided on *Feuille de travail 7.4*.

Top sport, top santé

pages 78–79

Planner

Grammar focus

♦ Verbs linked to an infinitive with *à* and *de*

Key language

♦ *les bienfaits du sport, un bon état de santé, le diabète, la maladie cardiovasculaire, un manque d'activité/d'exercice, le surpoids*
♦ *les artères, le cœur, les muscles, les os, les poumons*
♦ *actif/active, sédentaire*
♦ *arrêter de fumer, donner un bon exemple, faire du jogging, mener une vie active, respirer,*

Resources

♦ Student Book pages 78–79
♦ *Feuille de travail 7.1*, CD 3 track 10
♦ Grammar Workbook pages 70–71

---

1 Students discuss their sport and activity levels using the questions provided: *Combien d'heures de sport faites-vous par semaine? Qu'est-ce que vous faites et avec qui? Est-ce que vous vous déplacez trop en voiture? Quand allez-vous à pied? Y a-t-il des trajets que vous faites à vélo?*

2a Students read a text about today's sedentary society and find two statistics relating to adolescents and their level of inactivity.

Answers:
à peine un tiers des élèves de sixième marchent ou font du vélo plus de vingt minutes par jour pour se rendre au collège; près de la moitié des filles et un quart des garçons ne font pas de sport en dehors de l'école.

2b Students read the text again and make three lists: illnesses caused by lack of activity; the reasons for today's sedentary lifestyle; and examples of inactive leisure pursuits.

Answers:
a *l'obésité, le diabète, les maladies cardio-vasculaires, les cancers*
b *les conditions de vie plus confortables (le transport motorisé, les ascenseurs, le chauffage central, la climatisation)*
c *la télé, les jeux vidéo, l'ordinateur*

Grammaire

Verbs linked to an infinitive with à *and* de

This section focuses on verbs that are followed by the prepositions *à* or *de* and an infinitive, e.g. *apprendre/aider à* + infinitive, *essayer/finir de* + infinitive.

A Students reread the text and find three verbs used with *à* and four used with *de*.

Answers:
hésiter à, encourager à, commencer à; choisir de, permettre de, refuser de, oublier de

B Students translate sentences into French using some of these verbs.

Answers:
1 *Je refuse de faire du sport.*
2 *Il aide son ami à s'entrainer pour le marathon.*
3 *Quand vas-tu commencer à jouer au handball?*
4 *Ils ont oublié d'acheter des baskets.*
5 *Tu es paresseux/paresseuse! Tu choisis toujours de rester à la maison.*

3a Students match pictures of body parts to the appropriate vocabulary.

Answers:
a *les artères*
b *les poumons*
c *les os*
d *les muscles*
e *le cœur*

3b Students match English to French vocabulary.

Answers:
to work – *fonctionner*
being overweight – *le surpoids*
good spirits – *le moral*
to avoid – *éviter*
to fight against – *lutter contre*
to breathe – *respirer*
sleep – *le sommeil*

4a Students look at the structures and vocabulary in *Expressions-clés* and use them to fill gaps in statements expressing good intentions.

Answers:

a *faire*

b *envisage/ai l'intention, jouer*

c *être*

d *compte/pense/vais*

e *l'intention/envie*

f *compte/pense/vais*

g *ferai*

4b Students write eight good intentions of their own using the *Expressions-clés*.

5a Students produce a leaflet for young people on the dangers of inactivity and the benefits of sport and exercise.

5b Students perform a role-play: student A plays the role of a journalist; student B is a sports or health expert. A interviews B on the topic of young people and their inactive lifestyle.

F 7.1 Additional listening activities on this theme can be found on *Feuille de travail* 7.1.

Grammaire active

page 80

Planner

Grammar focus

♦ Talking about the future

Resources

♦ Student Book page 80
♦ *Feuille de travail* 7.4, CD 3 tracks 11 and 12

Talking about the future

The first *Rappel* section on this page reminds students of different ways to refer to the future:

♦ the present tense with a future time phrase
♦ *aller* + infinitive
♦ *compter/espérer* etc. + infinitive
♦ the future tense (*le futur simple*)

1 Students give a presentation on how they see their own future, referring to:

♦ what they are going to do during the rest of their time at school (*aller* + infinitive)
♦ what they plan to do after leaving school (*je compte/j'espère/je voudrais* + infinitive)
♦ what they see themselves doing in the distant future (future tense).

The second *Rappel* section reminds students how to form the future tense. Students are referred to the verb tables in the Grammar section of the Student Book for the stems of irregular verbs.

2a Students read a text where a sports teacher talks about fair play and his expectations of his pupils in this respect. They make two lists of verbs in the future tense: regular and irregular.

Answers:
Regular: j'expliquerai, ils joueront, ils montreront, ils accepteront
Irregular: il y aura, j'aurai, on verra

2b Students write sentences in the future tense to explain what the young people will (or won't) do, using the expressions given.

Answers:

a *Ils ne tricheront pas pour gagner.*

b *Ils respecteront leurs adversaires.*

c *Ils ne se disputeront pas avec l'arbitre.*

d *Ils ne contesteront pas la défaite.*

e *Ils ne réagiront pas de façon violente.*

f *Ils féliciteront l'autre équipe, même après une défaite.*

g *Ils ne chercheront pas d'excuses pour une défaite.*

h *Ils feront de leur mieux à tout moment.*

The third *Rappel* section reminds students of the use of *y* to mean here/there or to replace *à*, and of the use of *en* to mean some/any or to replace *de*.

3 Students translate sentences a–e into English.

Answers:

a *I'm here, and I'll stay here/I'm here to stay.*

b *We're going there next weekend.*

c *Haven't you thought about it?/Didn't you think of that?*

d *Boring matches? I've never seen any!*

F 7.4 Further practice talking about the future and using *y* and *en* is provided on *Feuille de travail* 7.4.

Extra

page 82

> **Planner**
>
> *Skills focus*
> ♦ Transferring meaning – translating into English
>
> *Resources*
> ♦ Student Book page 82

This page is aimed at A–A* students.

1 Students read a text about the Garuda organisation, which helps disadvantaged and physically disabled children in Kathmandu, then copy out and complete the summary of the text.

Answer:
*L'Association Gardua organize plusieurs initiatives au Katmandu et cherche à aider **les enfants défavorisé de la vallée de Katmandu**. Elle vise surtout les enfants handicapés parce qu'ils **sont totalement laissés pour compte**. A l'avenir, elle espère aussi **organiser des cours d'alphabétisation et diverses formations pour les femmes du quartier ou de villages éloignés**.*

2 Students work through the *Compétences* activities, then translate the third paragraph of the text (*Nous avons donc loué...*) into good English.

Possible answer:
And so we rented a house that was officially opened by the French ambassador in February 2007. Four disabled children arrived while the first floor houses sewing and jewellery making workshops for about twenty women in need. In a second phase, we are planning to organise literacy lessons there, and various types of training for local women or those from villages further away.

Compétences

Transferring meaning – translating into English

This skills section gives tips about translating a French passage into English including being accurate with tenses, being idiomatic, being accurate and making educated guesses. Activities A–I take students through the different points to consider, referring to the text *Au secours des plus démunis*.

A Students say which tenses they will need to translate the verbs in the second paragraph of the text (*Dans un pays où...*).

Answer:
Present and past (perfect)

B Students say which construction is in the passive.

Answer:
une maison qui a été inaugurée

C Students give the usual English translation of *handicapé*.

Answer:
disabled

D Students give a better translation for *fabrication* than 'fabrication'.

Answer:
(jewellery) making

E Students give an exact translation of *une vingtaine*.

Answer:
about twenty

F Students are reminded not to miss out the 'little words', and translate *y*.

Answer:
there

G Students guess what *couture* might mean. (They are reminded that there is an expression *haute couture* in English that they might know.)

H Students guess what a course on *alphabétisation* might be, given that it will be taking place in a poor area with little formal education.

I Students guess what *éloigné* might mean. They are given the word *loin* as a hint.

---

3 Students research other projects organised by sports clubs that aim to help disadvantaged children, and prepare a short presentation for the class.

Unit 7 Assessment offers exam practice for this unit.

Unité 8　En pleine forme?

Unit objectives

By the end of this unit students will be able to:
♦ Discuss the health risks of smoking, drinking and taking drugs
♦ Talk about healthy eating and eating disorders
♦ Discuss what makes a balanced life
♦ Talk about risks to health through accidents

Grammar

By the end of this unit students will be able to:
♦ Use impersonal verbs
♦ Use *dont*
♦ Use the conditional
♦ Use emphatic (or disjunctive) pronouns

Skills

By the end of this unit students will be able to:
♦ Talk about what you can do or have to do
♦ Write an opinion piece
♦ Use synonyms and antonyms
♦ Structure a written response
♦ Make effective use of a wide variety of vocabulary and a range of complex structures

page 83

1 Students do a multiple-choice 'lifestyle' quiz designed to introduce the topics to be covered in this unit. They self-mark the quiz and compare their answers with a partner.

 2 Students listen to Marc describing his lifestyle. They decide how he would have answered the quiz questions and work out his points total.

Answers:

1 *a*	2 *c*	3 *a*	4 *a*	5 *b*
6 *c*	7 *b*	8 *c*	(3 points)	

CD 2 track 5	p. 83, activité 2

Moi, je sais très bien que je ne mange pas bien. D'abord, je ne mange jamais avant midi et lorsque le dernier cours finit je sors en ville avec mes amis. On ne trouve pas toujours le temps de déjeuner. J'achète un petit quelque chose, mais rien de nourrissant. Le soir j'ai grand faim, et je mange avec mes parents avant de sortir. Ma mère cuisine super bien. Le soir au café, je bois plusieurs bières et quelquefois je fume une cigarette ou deux. Mais autrement je ne fume pas, parce que je connais les risques. Pour une soirée spéciale, je dois avouer que je bois de tout et que je bois surement trop. Mais c'est assez rare. Je dois être en bonne forme, parce que j'adore le sport et je joue au foot et au tennis plusieurs fois par semaine. C'est bon pour éviter le stress, je trouve, du moins dans la mesure du possible.

---

3 Students invent two additional questions for the quiz.

Les drogues licites

pages 84–85

Planner

Grammar focus
♦ Impersonal verbs

Skills focus
♦ Explaining what you can do or have to do

Key language
♦ *le cancer (des poumons), le gout, la lutte contre, l'odeur, la surconsommation, le tabac, le tabagisme*
♦ *accro, agaçant, interdit, nuisible, préoccupant*
♦ *augmenter le risque de, avoir le droit de, boire un coup (entre amis), connaitre ses limites, consommer, mentir, permettre à quelqu'un de, polluer*

Resources
♦ Student Book pages 84–85
♦ CD 2 track 6–7
♦ *Feuille de travail 8.2*

---

 1 Students guess whether statements on alcohol and tobacco consumption are true or false, then listen to check their answers.

Answers:
see transcript

CD 2 track 6   p. 84, activité 1

En France ...

a Faux. Le tabac est en vente libre.

b Faux. Il est interdit de fumer dans certains endroits.

c Faux. La vente d'alcool est interdite aux moins de 14 ans.

d Faux. Un jeune qui a entre 16 et 18 a le droit de boire du vin ou de la bière.

e Vrai. On n'a pas le droit de boire de l'alcool dans les établissements scolaires.

f Vrai. Dans les bars et les cafés, l'âge minimum est fixé à 16 ans.

---

2 Students read four short texts about teenagers' attitudes to smoking and alcohol. They fill in a grid to show whether the teenagers are (✓) or are not (✗) allowed to smoke and drink, or whether the situation is unclear (?).

Answers:

	allowed to smoke	*allowed to drink*
Victoria	✗	?
Florian	?	✗
Jules	✗	✓
Sarah	?	✗

Compétences

Explaining what you can do or have to do

Students are reminded of the use of modal verbs *pouvoir* and *devoir* to say what you can or have to do, and are given several additional expressions such as *j'ai le droit de..., je suis obligé(e) de...* that they can also use for variety.

A Students use the key expressions given to write a paragraph explaining what they are and are not allowed to do as regards smoking and drinking at school, at home, in town, at the pub etc.

3a Students listen to six teenagers explaining why they don't smoke. They make notes on what each person says, then read statements a–j and match them to the speakers. (Note that three of the statements are distractors and are not attributable to anyone.)

Answers:

a *Alex* b *Simon* c *Alex* d *Clémence* e *no one*

f *Pierre* g *Karine* h *no one* i *Simon* j *no one*

CD 2 track 7   p. 85, activité 3a

Clémence:
Je déteste le gout et l'odeur du tabac. J'ai essayé de fumer une fois, quand j'avais 14 ans, et après une bouffée de fumée, j'ai cru que j'allais m'étouffer!

Simon:
Je ne comprends pas les gens qui fument. Le tabac sent mauvais, il est dangereux pour la santé et les cigarettes coutent cher. En plus, je pense que fumer est un acte très anti-social: les fumeurs polluent l'air que les non-fumeurs respirent et ils remplissent les hôpitaux avec leurs maladies!

Alex:
Je ne fume pas parce que je fais beaucoup de sport. C'est quasiment impossible pour un athlète de fumer: cela réduit la capacité respiratoire, augmente le risque de bronchite et de maladies pulmonaires etc.

Pierre:
Pour moi, c'est assez difficile d'imaginer pourquoi les fumeurs mettent volontairement leur santé en danger. Les risques du tabagisme sont maintenant bien connus et les gens savent que la nicotine rend accro. Je trouve tout à fait incroyable qu'autant de personnes fument dans le monde!

Karine:
Je n'ai jamais essayé de fumer parce que j'ai de l'asthme. Je ne peux même pas rester longtemps en compagnie de fumeurs! Inimaginable donc de fumer.

Fatima:
Ma tante est morte d'un cancer des poumons il y a deux ans et je sais maintenant à quel point le tabagisme peut être dangereux. Elle fumait environ 20 cigarettes par jour et elle serait probablement encore en vie aujourd'hui si elle n'avait pas fumé autant, pendant tant d'années.

3b Students discuss with a partner which of the opinions from activity 3a they agree with.

Grammaire

Impersonal verbs

This section explains impersonal verbs and lists some key expressions.

A Students choose from the impersonal verb constructions given to complete sentences.

Answers:

1 *Il faut*

2 *Il vaut mieux*

3 *Il ne faut pas*

B Students translate the sentences from activity A into English.

Answers:

1 *We must note/It must be noted that alcohol can be very dangerous.*

2 *It is better not to drive if you have been drinking alcohol.*

3 *One mustn't sell beer to under 16s.*

C Students write three sentences using impersonal verbs.

4 Students read a passage on young people's drinking habits and use the ten words from the box to fill the gaps.

Answers:

1 *fument*

2 *alcool*

3 *préoccupantes*

4 *route*

5 *mortalité*

6 *surconsommation*

7 *insuffisant*

8 *cannabis*

9 *consommateurs*

10 *production*

5 Students prepare a one-minute talk for a radio programme giving their opinion of smoking or alcohol consumption. They list four or five key words to help them remember what they want to say and then record their talk.

F 8.2 Additional speaking activities on the theme of giving up smoking can be found on *Feuille de travail 8.2.*

6 Students write two paragraphs giving their opinion on alcohol and smoking. They are asked to include three of the impersonal verbs given in the *Grammaire* box.

La toxicomanie

pages 86–87

Planner

Grammar focus

♦ *dont*

Skills focus

♦ Writing an opinion piece

Key language

♦ *un centre de désintoxication, la dépendance, la dépression, une dose excessive, les drogues dures/douces, un excitant, l'insomnie*
♦ *licite/illicite*
♦ *aller de pire en pire, dépendre de, être stressé, mourir de, se droguer, se mettre à (la cocaïne)*

Resources

♦ Student Book pages 86–87
♦ CD 2 track 8
♦ *Feuille de travail* 8.1, CD 3 tracks 13 and 14
♦ Grammar Workbook page 27

1a To stimulate thought on the variety of drugs available, students work in pairs, using dictionaries, to list all the drugs and addictive substances they can think of that are available legally as well as those that are illegal.

1b Students say which they think would be 'hard' and which 'soft' drugs, using examples from their list.

2 Students read a text about legal drugs and match the products mentioned with the definitions given.

Answers:

a *le tabac*

b *le thé*

c *les médicaments contre l'insomnie*

d *l'alcool*

e *les médicaments contre l'angoisse/la dépression*

f *le Coca-Cola*

3a Students read the story of Audrey, a former drug addict.

3b Having read Audrey's story, students answer the questions in English.

Answers:

a *marijuana*

b *She shared a flat in Lyon with several friends, two of whom took drugs.*

c *Her parents said that it could become a very serious problem, but she felt very distant from their concern, almost as if they were talking to someone else.*

d *She rapidly became addicted and realised that she was going to need money to support her habit.*

e *Her best friend died from an overdose and she realised that she didn't want to end up like him.*

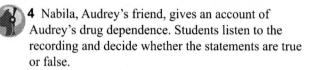 **4** Nabila, Audrey's friend, gives an account of Audrey's drug dependence. Students listen to the recording and decide whether the statements are true or false.

Answers:

a *Faux (J'ai remarqué que quelque chose n'allait pas quand Audrey est partie vivre à **Lyon**)*

b *Faux (C'était juste après son **dix-neuvième** anniversaire, alors qu'elle **commençait la fac**)*

c *Vrai*

d *Vrai*

e *Vrai*

f *Faux (La mort de Dominique **a changé tout/a été un moment décisif pour elle**)*

g *Vrai*

h *Vrai*

CD 2 track 8　　　　　　　　　**p. 87, activité 4**

Nabila

J'ai remarqué que quelque chose n'allait pas quand Audrey est partie vivre dans cet appartement, à Lyon. C'était juste après son dix-neuvième anniversaire, alors qu'elle commençait la fac.

Au début, elle n'utilisait que du cannabis et on pouvait déjà voir qu'elle était plus distante, plus détachée qu'avant… Et puis, rapidement, son état de santé est allé de pire en pire. Elle avait des réactions violentes, elle était toujours stressée… probablement à cause de la cocaïne.

A cette époque, elle était tellement accro que je pensais que rien ne pourrait jamais la faire changer. Jusqu'au jour où notre copain Dominique est mort d'une overdose. Là, je crois que ça a été un moment décisif pour elle. Elle est allée dans un centre de désintoxication pendant plusieurs mois et depuis, la drogue, c'est complètement fini. Audrey est enfin redevenue ma meilleure amie.

---

5 Students imagine that one of their friends is a drug addict. They write a letter to the problem page of a young people's magazine explaining the problem, e.g. when their friend started taking drugs, which drugs are involved and the effects on their friend's health.

F 8.1 *Feuille de travail* 8.1 provides additional listening activities on the themes of this spread.

Compétences

Writing an opinion piece

Students follow a series of steps to help them write an answer to the question *Pensez-vous que toutes les drogues illicites sont dangereuses?*

– Decide what your view is and list points to back up your argument

A Students begin by jotting down two or three reasons why the answer to the question might be 'yes'.

– Search for vocabulary to help you make the points

B They then reread text 3a and note the French for given expressions.

Answers:

1 *commencer (à)*

2 *trouver ça cool*

3 *un problème grave*

4 *se mettre à la cocaïne*

5 *un produit si dangereux*

6 *mourir d'une overdose*

7 *une mauvaise dose*

C Students use language from the spread to help them phrase their points for the opinion piece.

D Students write up their opinion piece. Encourage them to use a range of opinion phrases combined with new language collected from texts on this spread. Refer them back to the *Compétences* section on page 15 for a reminder of different ways to express opinions.

Grammaire

dont

This section explains the different meanings and uses of the relative pronoun *dont*.

A Students translate the first sentence of text 3a into English.

Answer:

I was living in a flat in Lyon with several friends, two of whom took drugs.

B Students translate further sentences into English.

Answers:

1 *Do you know Nabila, whose friend is a former drug addict?*

2 *Ah yes, the one whose friends were so worried.*

3 *It's a story about which I have already heard a few details.*

C Students find in text 3a an example of the use of *dont* to replace *de*.

Answer:

*Très vite, il y avait une dose quotidienne **dont** j'avais de plus en plus besoin...*

D Students translate English sentences into French.

Answers:

1 *C'est celle-là la bouteille dont tu as envie?*

2 *Voici l'argent dont tu as besoin.*

3 *La maladie dont elle souffre est affreuse.*

Manger équilibré

pages 88–89

Planner

Grammar focus

♦ The conditional

Key language

♦ *une recette, un régime, les matières grasses, les plats cuisinés, un sandwich nature, les troubles alimentaires*

♦ *anorexique, catastrophique, émacié, équilibré, nourrissant, plein de (sel), sain/malsain*

♦ *(savoir) cuisiner, grignoter, opter pour, perdre du poids, se priver de, souffrir de boulimie*

Resources

♦ Student Book pages 88–89

♦ CD 2 tracks 9–10

♦ *Feuilles de travail* 8.3 and 8.4, CD 3 track 15

♦ Grammar Workbook pages 60–61

1a Students work in pairs. Student A explains what he/she ate yesterday; B makes notes and awards a score out of ten for healthy eating, using the 'mark scheme' given.

1b Students exchange roles and repeat activity 1a, then discuss the results as a whole class.

2a Students translate into English some key vocabulary items from the text *Bien manger avec un petit budget*.

Answers:

a *healthy*

b *a balanced diet*

c *nourishing*

d *fats*

e *to avoid*

f *ready meals*

2b Students read the advice in the text and write out a healthy menu for a student's typical day, including breakfast, lunch, evening meal and a snack.

3a Students work in groups for two minutes, brainstorming words they associate with the topic of eating disorders (*les troubles alimentaires*).

 3b Students listen to an interview with a doctor specialising in eating disorders. They complete the gap-fill sentences to create a summary of the text.

Answers:

a *37*

b *15, 58*

c *65 000, 14, 25*

d *nourriture, maigre*

e *exercice, perdre*

f *image, psychologiques*

g *poids*

h *(beaucoup) trop, vomit*

i *l'aide*

CD 2 track 9   **p. 88, activité 3b**

– Bienvenue à notre émission Santé-Jeunes où, aujourd'hui, on aborde la question vexante des troubles alimentaires chez les jeunes. A côté de moi, docteur Marianne Rochais, spécialiste de l'hôpital de Saint Marc, ici à Montréal. Alors, docteur, ce problème de jeunes souffrant de troubles alimentaires, c'est répandu, diriez-vous?

– Bonjour. Oui, il faut constater qu'une étude réalisée l'année dernière a révélé que dès l'âge de onze ans, 37 % des élèves canadiennes changeraient d'apparence si elles le pouvaient. Et ce pourcentage grimpe à 58 % chez les jeunes filles de 15 ans. Oui, malheureusement, pas mal de filles se préoccupent de leur poids. On ne peut pas dire qu'elles souffrent toutes d'anorexie ou de boulimie, mais quand même, on estime que, ici au Canada, environ 65 000 jeunes âgés de 14 à 25 ans ont des troubles alimentaires.

> – Et l'anorexie, c'est quoi, exactement?
> – L'anorexie est une obsession avec la nourriture et la minceur. Une personne souffrant d'anorexie veut maigrir à tout prix et se prive de nourriture. Elle est souvent hyperactive aussi et se livre à toutes sortes d'exercice pour perdre du poids. Même très maigre, elle se voit toujours grosse. Elle a une pauvre image d'elle-même et souffre souvent d'autres troubles psychologiques comme l'anxiété, l'obsession ou la dépression.
> – Et la boulimie, c'est autre chose?
> – Oui. Au contraire des anorexiques, les personnes qui souffrent de boulimie ne sont pas minces, elles ont généralement un poids normal. Cette maladie se caractérise par des excès alimentaires. Quelqu'un qui souffre de boulimie mange parfois beaucoup trop, puis elle vomit après afin de perdre du poids. Les boulimiques savent en général qu'elles ont un problème, mais la gêne les empêche souvent de chercher de l'aide avant l'âge adulte.
> – Merci, docteur. Vous nous avez présenté les faits très clairement. Et maintenant, on va parler à notre autre invitée, une jeune fille touchée par ces problèmes…

3c This recording continues from where the activity 3b recording ends. Students listen to a girl telling the doctor about her friend's eating difficulties. They note in English the doctor's advice on what she should and shouldn't do.

Answers:

Angélique should… eat in the canteen with her friend, enjoy the food, eat healthily, display normal behaviour towards food, talk about other topics and perhaps talk to a teacher or the friend's parents if she is still worried.
She shouldn't… talk to her friend about food or weight.

CD 2 track 10   **p. 88, activité 3c**

> – … une jeune fille touchée par ces problèmes. Bonjour, Angélique, et bienvenue. Je crois que vous avez une question à poser au docteur?
> – Oui, en fait je m'inquiète beaucoup pour une camarade de classe qui est très mince, et qui ne semble pas manger beaucoup. Je ne dis pas qu'elle soit anorexique, mais c'est troublant quand même. Je voudrais savoir comment je peux l'aider.
> – Si vraiment elle est anorexique, elle aura besoin d'aide professionnelle. Mais s'il s'agit plutôt d'une jeune fille qui se préoccupe de son poids, mais pour qui il n'y a pas de grand soucis, il y a beaucoup de choses que tu peux faire. D'abord, tu pourrais aller manger à la cantine avec elle. Tu devrais prendre plaisir au repas, manger sainement et lui donner l'exemple d'un comportement normal envers la nourriture.

> – Est-ce que ce serait une bonne idée de lui parler de son problème?
> – Je dirais plutôt non. Tu devrais éviter de parler de nourriture et de poids. Il vaudrait mieux aborder d'autres sujets intéressants et essayer de passer une demi-heure heureuse ensemble. Il ne faut surtout pas faire des repas un champ de bataille!
> – Et est-ce que je devrais en parler à un adulte?
> – Oui, si ça ne va pas mieux après quelque temps, je te conseillerais de parler à un prof qui la connait bien, ou peut-être à un de ses parents, si tu les connais.

F 8.3 Further reading practice based on the topic of eating disorders can be found on *Feuille de travail* 8.3.

Grammaire

The conditional

This section explains the uses of the conditional and how to form it.

A Students search the text on page 88 for sentences corresponding to the English translations.

Answers:
1 *Vous pourriez boire un jus de fruit.*
2 *Les frites devraient rester occasionnelles.*
3 *Ce serait facile…*

B Students complete sentences by inserting the suggested verbs in the conditional.

Answers:
1 *devrais*
2 *pourrais*
3 *serait*

C This activity focuses on *si* clauses after the imperfect tense. Students complete each sentence in their own words by adding a phrase with a conditional verb in it.

F 8.4 *Feuille de travail* 8.4 provides further activities to practise using the conditional.

---

4 Students prepare advice for a friend on healthy eating on a small budget. They use the *Expressions-clés* to help them structure their advice.

5 Students read two problem-page letters about health issues and write replies offering advice.

Une vie équilibrée

pages 90–91

Planner

Grammar focus

♦ Emphatic (or disjunctive) pronouns

Skills focus

♦ Using synonyms and antonyms

Key language

♦ *le bienêtre*
♦ *débordé*
♦ *se décontracter, éviter, s'inquiéter, jouer de multiples rôles, organiser son temps, prendre au sérieux, savoir se détendre, trouver un équilibre*

Resources

♦ Student Book pages 90–91
♦ CD 2 track 11
♦ *Feuille de travail 8.5*
♦ Grammar Workbook page 27

1a Students use the diagram on page 90 as a stimulus to help them prepare a list of questions to ask a partner about how balanced their life is.

1b Students work in pairs to ask each other the questions and make a note of the answers.

1c Students write advice for their partner, using *Tu pourrais..., Tu devrais...* and other similar phrases, such as the ones they have seen in the *Compétences* box on page 84.

 2a Students listen to Laure, Zak, Adi and Simon and decide who has a balanced lifestyle.

Answers:
Zak, Adi

CD 2 track 11 p. 90, activité 2a et Grammaire A

Laure
Moi, je ne crois pas que je mène une vie très équilibrée. Je mange pas mal de plats préparés et je ne fais pas d'exercice si je peux l'éviter. Ma mère en parle tout le temps et je me dispute parfois avec elle parce que je me couche tard et que je saute des repas.

Zak
Mes parents, eux, ils sont toujours stressés, mais je ne vois pas pourquoi. J'évite le stress par tous les moyens possibles. Je ne bosse pas trop, je garde des moments de détente tous les jours et je pars souvent en vacances. Si on accepte le stress, c'est de sa propre faute. Ma petite amie, elle aussi, elle s'inquiète trop, je trouve.

Adi
Chez nous on ne prend pas les choses trop au sérieux. Toute la famille prend le temps de diner ensemble et on a tous nos passe-temps. Mon frère est fana du foot et je vais souvent au match avec lui, et mon père, lui qui n'aime pas trop le sport, il va au cinéma ou au théâtre. Il est important de savoir se détendre!

Simon
Pour moi, il semble qu'il y a toujours des difficultés. Le boulot, les devoirs, le manque de temps pour toutes les choses que je suis obligé de faire. J'ai deux sœurs cadettes assez petites et mes parents s'occupent tout le temps d'elles. Moi, je dois plutôt me débrouiller. Ce n'est pas facile.

Grammaire

Emphatic (or disjunctive) pronouns

This section focuses on these pronouns and their use for emphasis and after prepositions.

 A Students listen again to the four young people in activity 2a. For each person, they note which emphatic/disjunctive pronouns they use, and whether they are used for emphasis (1) or after a preposition (2).

Answers:
Laure: *Moi, je ne crois pas... (1), avec **elle** (2)*
Zak: *Mes parents, **eux**, ils... (1), **elle** aussi (1)*
Adi: *Chez **nous** (2), mon frère, **lui**... (1), avec **lui** (2), mon père, **lui**... (1)*
Simon: *Pour **moi** (2), **Moi**, je dois... (1)*

B Students complete sentences using an emphatic pronoun.

Answers:
1 *Moi, je sais me détendre.*
2 *Lui, il est toujours stressé.*
3 *Eux, ils ne savent pas organiser leur temps.*
4 *Vous, vous mangez bien?*
5 *Elles, elles vont consulter un médecin.*

C Students translate phrases into French.

Answers:
1 *avec nous*
2 *sans lui*
3 *après moi*
4 *pour vous/toi*
5 *à côté d'eux/d'elles*
6 *derrière elle*

2b Students read the three texts on page 91, then answer the questions.

Answers:
a *mener une vie équilibrée et les problèmes et difficultés qu'ils ont*
b *Sandrine; elle part en vacances pour se reposer, même si ce n'est que pour quelques jours*

2c Students work with a partner to ask each other the questions listed to find out whether they feel overloaded, what they do to relax, whether they think they have a balanced lifestyle, and whether there are things they would like to change about their lifestyle.

2d Students write a letter to a magazine describing a problem concerning lifestyle balance. They exchange letters with a partner and write a response giving advice and suggestions.

Compétences

Using synonyms and antonyms

This section focuses on synonyms and antonyms, giving a definition and explaining how they can be used to enrich the students' vocabulary.

A Students read again the three texts in activity 2a and find synonyms.

Answers:
1 **to relax:** *se décontracter, se reposer*
2 **health/well-being:** *bienêtre, la santé*
3 **being under stress:** *surchargé, stressé*

B Students find further synonyms in the texts.

Answers:
1 **aider** *– donner un coup de main*
2 **l'heure de** *– le moment de*
3 **travailler** *- bosser*
4 **couteuses** *- chères*

C Students find a pair of antonyms in Lucas' text.

Answers:
simplifier, compliquer

D Students find four pairs of antonyms from the words given in the box, then design a similar set of words for a partner to pair up.

Answers:
gagner, perdre; augmenter, diminuer; la vie personnelle, la vie professionnelle; en baisse, en hausse

F 8.5 *Feuille de travail* 8.5 provides additional practice with synonyms and antonyms.

Grammaire active

page 92

> **Planner**
>
> *Grammar focus*
> ♦ The conditional
>
> *Resources*
> ♦ Student Book page 92
> ♦ *Feuille de travail* 8.4

The conditional

This section explains the uses and formation of the conditional.

1 Students complete *si*-clause sentences using their own ideas in the conditional, e.g. *Si je voulais perdre du poids, je mangerais moins de gâteaux et de chocolat.* This activity could be done orally or in writing.

Students are reminded of the use of the conditional in reported speech.

2a Students read an account of a film star's birthday plans, then complete gap-fill sentences using verbs in the conditional to summarise the text.

Answers:
1 *inviterait*
2 *servirait*
3 *mangerait des amuse-gueules*
4 *aurait*
5 *inviterait*

2b Students continue the summary, imagining what comes next and writing five more sentences using the conditional.

F 8.4 *Feuille de travail* 8.4 provides further activities to practise using the conditional.

Extra

page 94

> ### Planner
>
> #### Skills focus
> ♦ Making effective use of a wide variety of vocabulary and a range of complex structures (2)
>
> #### Resources
> ♦ Student Book page 94
> ♦ CD 2 track 12

This page is aimed at A–A* students.

1 Students look at the photo accompanying the article about *Le Scaphandre et le papillon* to see if they can guess the story of the film. They discuss their ideas with a partner.

2 Students read the article then complete phrases a–d in their own words.

Possible answers:

a *un accident vasculaire.*

b *bouger ni parler, ni même respirer sans assistance.*

c *clignant de l'œil.*

d *écrire/dicter ce livre,* Le Scaphandre et le papillon.

Compétences

Making effective use of a wide variety of vocabulary and a range of complex structures (2)

Students are reminded that every text they encounter is a chance to extend their vocabulary, and that they should routinely note useful words and phrases as they go along in order to reuse them in their own speaking or writing.

They are reminded to use this technique when working through listening activities 3 and 4 on this page to help them prepare for the writing task in activity 5.

 3 Students listen to the review of the film and fill the gaps in sentences a–c.

Answers:

a *Cet homme est prisonnier de **lui-même**.*

b *Malgré le **soutien** de son entourage, il n'est pas réellement en **vie**.*

c *Ce film fait **prendre** conscience de la valeur de la vie.*

Une petite merveille. Film culte des années 2000 et une œuvre infiniment touchante. «Le Scaphandre Et Le Papillon» raconte l'histoire vraie d'un homme paralysé, et par ce fait prisonnier de lui-même et de ses pensées, et malgré le soutien de son entourage, du personnel médical, cet homme est bien obligé de constater qu'il n'est pas réellement en vie. Une œuvre sincère, pleine de vérité et d'idées passionnantes, qui fait prendre conscience de la valeur, et en même temps de la non-valeur, de la vie, avec un personnage central interprété magistralement par Mathieu Amalric, qui trouve là un des plus beaux rôles de sa carrière, malgré le fait qu'il joue un personnage immobile la plupart du temps, car toute la splendeur de son jeu se trouve dans les flash-back, et dans la voix «off» de ses pensées.

4 Students listen again to the review and note the French for phrases a–f.

Answers:

a *une merveille*

b *un film culte*

c *une œuvre pleine de vérité et d'idées passionnantes*

d *(un film) qui fait prendre conscience de la valeur de la vie*

e *un personnage central interprété par*

f *la splendeur de son jeu se trouve dans*

5 Students use the key phrases they have noted from the recording to describe the life of Jean-Dominique in a few phrases and write a short review of the film.

Unit 8 Assessment offers exam practice for this unit.

Unité 9   En vacances

Unit objectives

By the end of this unit students will be able to:
- Talk about changing attitudes to holidays
- Say what they think about different types of holiday, their purposes and benefits
- Discuss green tourism
- Discuss the impact of tourism on holiday destinations

Grammar

By the end of this unit students will be able to:
- Use the imperative
- Use the passive
- Use infinitives at the start of sentences

Skills

By the end of this unit students will be able to:
- Extend their vocabulary through word families
- Tackle listening tasks more effectively
- Develop and justify their point of view

page 95

1 Students carry out research on the Internet to find answers to questions about *Paris-Plage*. Suggest that they try the website of *La Mairie de Paris* (www.paris.fr).

Answers:

a *entre juillet et aout, pendant environ quatre à cinq semaines*

b *sur 3,5 km*

c *des plages de sable, des palmiers, des transatlantiques et des parasols, des hamacs, des piscines, beaucoup d'activités ludiques et sportives*

d *les habitants de la région qui ne partent pas en vacances*

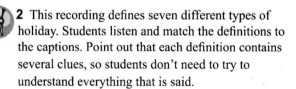

2 This recording defines seven different types of holiday. Students listen and match the definitions to the captions. Point out that each definition contains several clues, so students don't need to try to understand everything that is said.

Answers:
1 *d*   2 *e*   3 *g*   4 *c*   5 *a*   6 *b*   7 *f*

CD 2 track 13   **p. 95, activité 2**

1 Alors, ça, ça s'appelle aussi le tourisme vert, ou également le tourisme rural. C'est particulièrement apprécié des personnes qui habitent en ville et qui aiment avoir un contact avec la nature pendant leurs vacances. Alors parfois ces personnes font par exemple un séjour dans une ferme ou dans un gite rural.

2 Oui, eh bien... c'est une forme de tourisme qui se préoccupe de protéger l'environnement, de bien traiter la planète. Par exemple, quand on pratique cette forme de tourisme, on a tendance à ne pas voyager trop loin... on essaie d'éviter les longs voyages en avion... on essaie aussi d'économiser l'énergie.

3 Cette forme de vacances est surtout pour les jeunes, et c'est un style de vacances qui est souvent choisi plutôt par les parents, qui veulent que leurs enfants améliorent, par exemple, leur connaissance de la langue anglaise. Oui, c'est souvent en Grande-Bretagne ou aux Etats-Unis que ça se passe.

4 Ça, c'est une formule idéale si on a envie de vivre une vie très simple, très basique, pendant les vacances. C'est pour les gens qui n'aiment pas les gites ou les hôtels, ou qui trouvent que c'est trop cher. En plus, c'est bien pour rencontrer des gens.

5 Bon, ça, ça concerne les destinations de vacances qui sont à l'extérieur de la France, pour les vacanciers qui ont envie de découvrir de nouveaux horizons, par exemple dans le reste de l'Europe ou même sur un autre continent.

6 Alors ça, ce n'est pas compliqué, c'est sur un bateau. On part sur un grand bateau pour une ou plusieurs semaines. En général, il y a de nombreuses activités de loisir à bord: piscine ... golf... casino... et je ne sais pas trop quoi, et on fait des escales dans différents pays pour visiter un peu.

7 Ah oui, ça, ce n'est pas pour tout le monde. Il faut avoir la forme, il ne faut pas avoir peur de marcher, de faire des kilomètres à pied, et puis... de porter un sac à dos. C'est excellent pour perdre quelques kilos, d'ailleurs! Il y a des sentiers très longs, par exemple le GR 51, dans la région méditerranéenne, fait presque 300 kilomètres de long.

Les vacances des Français

pages 96–97

Planner

Grammar focus

♦ The imperative

Skills focus

♦ Extending vocabulary through word families

Key language

♦ *les congés payés, une destination étrangère, les grandes vacances, un retour à la nature, l'unique séjour de vacances annuel*
♦ *il y a trop de monde*
♦ *avoir une résidence/maison secondaire, effectuer un séjour de vacances, fréquenter le bord de la mer*

Resources

♦ Student Book pages 96–97
♦ CD 2 track 14
♦ *Feuille de travail* 9.1, CD 3 track 16
♦ Grammar Workbook page 58

1a Students match each caption to a paragraph of the text *Les Français et les vacances*. This encourages skimming and scanning rather than detailed reading of the text.

Answers:
a *paragraphe 3*
b *paragraphe 5*
c *paragraphe 1*
d *paragraphe 4*
e *paragraphe 2*

1b Students focus on a more detailed reading of the text to complete a list of statements about *Les Français et les vacances.*

Answers:
1 *tous les autres pays du monde.*
2 *chez eux/à la maison pendant les vacances.*
3 *en vacances.*
4 *ne partent pas en vacances.*
5 *choisissent juillet-aout pour leur plus long séjour-vacances.*
6 *font un séjour-vacances de plus de quatre nuits à l'étranger.*
7 *le moyen de transport préféré.*

8 *sont les destinations étrangères préférées.*
9 *choisissent la campagne.*
10 *la semaine de travail de 35 heures.*

F 9.1 *Feuille de travail* 9.1 gives additional listening practice on this theme based around a recording about *Les chèques vacances.*

Grammaire

The imperative

This section reminds students when to use and how to form the imperative.

A Students find examples of the imperative in the text *Les Français et les vacances*. This activity focuses mainly on the *nous* form of the imperative, with one example of the *vous* form.

Answers:
1 *Signalons que…*
2 *N'oublions pas que…*
3 *Ajoutons que…*
4 *Notez que…*

B This activity points out that the verb *savoir* is irregular in the imperative. Students spot an example of this in the text.

Answer:
Sachez que…

C Students practise the *nous* form of the imperative by writing a series of suggestions to complete the sentence *Pour être comme les Français les plus typiques…* For example: *Pour être comme les Français les plus typiques, faisons plus de quatre séjours-vacances par an.*

D Students use the *vous* form of the imperative to write advice for different types of people on the kind of holiday they should choose, following the model *Si vous aimez la mer et les océans, faites une croisière.* A range of infinitives is provided (e.g. *faire, choisir, aller, prendre, opter pour*). Refer students to pages 95 for ideas.

2a Students listen and make notes on the holiday preferences of four different people. Where do they spend their holidays? When and for how long? How do they travel?

Answers:
1 *beaucoup de congés; au printemps/en mai – deux semaines à la campagne; en automne – une/deux semaines; rarement à l'étranger; en train avec vélos*

2 *aime aller à l'étranger; en été – grand voyage/ Europe du Nord; trois semaines; en voiture*

3 *aime visiter de grandes villes en Europe ou ailleurs; passe rarement ses vacances en France; ne va jamais au bord de la mer; en avion; six/sept petits séjours de quatre/cinq nuits par an*

4 *en été – deux/trois semaines au bord de la mer; en février – une semaine aux sports d'hiver, dans les Pyrénées; essaie de passer un maximum de weekends à la campagne; résidence secondaire; en voiture*

CD 2 track 14　　　　　**p. 97, activités 2a et 2b**

1　Bon, alors nous, dans la famille, nous avons beaucoup de chance, mon mari et moi, parce que nous avons beaucoup de congés. En général, nous aimons bien partir en vacances au printemps parce qu'il y a moins de monde. Nous allons souvent en Sologne, ce qui est, bien sûr, une région rurale… avec de la forêt aussi… et nous y passons souvent deux semaines vers le mois de mai, et puis une ou deux semaines à l'automne. Nous allons rarement à l'étranger pour les vacances parce que mon mari voyage beaucoup pour son travail, donc il préfère ne pas aller trop loin. Et… nous sommes un peu écolos, alors nous prenons le train… avec nos vélos!

2　Oh, moi, j'adore découvrir toute une variété de pays différents, et ma femme aussi, d'ailleurs. Donc, tous les étés, en général, on fait un grand voyage. On aime beaucoup l'Europe du Nord, par exemple. Les pays scandinaves… On part pour environ trois semaines. C'est loin, mais on aime bien prendre la voiture parce que ça nous donne plus d'autonomie. Le reste du temps, on ne part pas beaucoup. On est travailleurs indépendants… je suis boulanger… alors l'été est la seule période où on peut vraiment partir.

3　Moi, j'habite à la campagne… j'aime la tranquillité, mais par contre, pour les vacances, j'adore visiter de grandes villes en Europe ou ailleurs, surtout des capitales. Je passe très rarement mes vacances en France, et je ne fréquente absolument pas le bord de mer. Tous ces gens sur la plage, oh, c'est atroce! Je sais que ce n'est pas très, très bon pour la planète, mais je voyage généralement en avion et… si possible, je fais six ou sept petits séjours chaque année. Des séjours de quatre ou cinq nuits.

4　Nos vacances? Eh bien… en général, nous partons deux ou trois semaines l'été, toujours en bord de mer. Nous allons au même camping depuis une douzaine d'années, pour retrouver les amis. Pendant les vacances de février, nous passons une semaine aux sports d'hiver, dans les Pyrénées, et puis… nous habitons à Paris et nous essayons aussi de passer un maximum de weekends à la campagne. Nous avons une résidence

---

secondaire et, souvent, nous partons le vendredi et nous rentrons le lundi. Nous allons partout en voiture. Ça, c'est vraiment impératif!

2b Using their notes from activity 2a and the article *Les Français et les vacances*, students work out which person is most typical of the French in terms of holiday habits and who is least typical.

Answers:
Personne la plus typique: 4
Personne la moins typique: 3

2c In groups, students justify their answers to activity 2b orally, using their notes from the listening activity. Encourage them to improvise and to focus on communication and fluency instead of being too concerned with accuracy of language.

3 Students write a profile of a typical holidaymaker and recommend appropriate types of holiday for him/her.

Compétences

Extending vocabulary through word families

This skills section points out that understanding word families and links between words is a useful way to build vocabulary.

A Students work through a list of words from the text *Les Français et les vacances*; for each item on the list, they find a word that is from the same family but is a different part of speech, e.g. *monde (n) – mondial (adj)*.

1　*monde – mondial*
2　*partent – départ*
3　*un séjour – séjourner*
4　*des ruraux – rural*
5　*continue – continuel*
6　*oublions – oubli*
7　*tradition – traditionnellement*
8　*choisir – choix*
9　*hiver – hivernal*
10　*explique – explication*
11　*estivales – été*
12　*la campagne – campagnard*
13　*devant – devancer*
14　*long – longueur*

B Students make up as many sentences as they can using the words from activity A.

Destination: vacances!

pages 98–99

Planner

Grammar focus

♦ The passive

Key language

♦ *des activités encadrées, une ambiance, le camping sauvage, le confort, un coup de soleil, l'hébergement, une station balnéaire, les vacanciers*

♦ *décontracté, ensoleillé, lointain, allongé sur une plage, compris dans le prix*

♦ *avoir tendance à, se bronzer, s'enthousiasmer pour, faire la grasse matinée, faire une croisière, faire une découverte, rester immobile, sortir quelqu'un du lit*

Resources

♦ Student Book pages 98–99
♦ CD 2 track 15
♦ *Feuille de travail* 9.2
♦ Grammar Workbook pages 80–81

---

1 With a partner, students discuss their ideal holiday and the kind of holiday they would find least attractive.

2a The four texts describe different types of holidaymaker. Students begin by translating five words/phrases into French using the language in the texts.

Answers:

a *les transats*

b *éviter*

c *la varappe*

d *la plongée sous-marine*

e *faire la grasse matinée*

2b Students choose a caption to represent each text. At this stage, they are still focusing on gist rather than detail.

Answers:
1 *C*   **2** *B*   **3** *D*   **4** *A*

2c Students read the texts in more detail and work out what type of holidaymaker they themselves and some of their friends are. They discuss this in groups.

Before they begin, brainstorm different ways of starting sentences; model structures are provided.

2d Students write a paragraph explaining the type of holidaymaker they consider themselves to be. They are encouraged to justify their opinion by describing their holiday preferences and referring to some of their holiday experiences from the past. This provides an opportunity to use a range of tenses, e.g. present, perfect and imperfect.

3 Students read the article about Club Med and list items a–f in the order in which they are mentioned in the text.

Answers:
d, c, a, f, b, e

F 9.2 See also *Feuille de travail* 9.2 for speaking activities centred around *Le Club Med*.

 4 Students listen to an interview with someone who works in the tourist industry. They answer questions in English.

Answers: /12

a *They like going to holiday clubs in sunny places.* (2 points)

b *They prefer camping holidays.*

c *Because they are not too far away.*

d *Because France offers a large choice of different types of holiday (and the climate is good too).*

e *People who want a cheap holiday.*

f *The price of the holiday is all-inclusive, i.e. it includes things like accommodation, meals, activities, etc.*

g *People who are on holiday alone or with a group of friends.* (2 points)

h *It's a 'golden prison', i.e. it's as if people are imprisoned inside the Club Med village with nothing to do but get a suntan.*

i *He denies that the people who come on holiday to Club Med are only interested in getting a suntan, and says that they like going out on different excursions.*

j *It was a departure port for slave ships to America.*

CD 2 track 15   **p. 99, activité 4**

– Tout d'abord, Monsieur Beauvallet, merci de nous accorder cette interview. Je sais que vous êtes très occupé.

– Surtout en cette saison!

– Parlons un peu des jeunes, pour commencer. Dans des pays comme la Grande-Bretagne, les jeunes aiment beaucoup les clubs de vacances, euh... dans des destinations ensoleillées... C'est la même chose en France?

– En réalité, en France, quand les jeunes partent sans leur famille, entre copains, ils ont plus tendance à faire du camping.

– Et... où partent-ils?

– Ils aiment les destinations pas trop lointaines comme l'Espagne et l'Italie, mais beaucoup restent également en France car notre pays offre un choix considérable en matière de vacances.

– Sans parler du climat.

– Oui, effectivement.

– Parmi la multitude de tour operators, le Club Med est un peu une institution en France. Il s'adresse à quelle sorte de clientèle?

– Alors, le Club Med ne fait pas partie de la catégorie bon marché, mais les gens sont généralement satisfaits du rapport qualité-prix.

– A quoi le Club Med doit-il son succès?

– Pour commencer, je crois que les clients apprécient tout particulièrement le système de forfait.

– C'est-à-dire...?

– Le système de forfait, c'est-à-dire que quand on choisit un séjour, de nombreux services sont automatiquement compris dans le prix: l'hébergement... les repas... les activités de loisir...

– Ce n'est pas un peu rigide, tout ça?

– Non, parce que... au niveau de l'hébergement, par exemple, vous avez le choix entre différents niveaux de confort: chambres standard... chambres de luxe...

– Et... à quelle catégorie d'âge s'adresse le Club Med?

– Eh bien... je dirais à tous les âges. Par exemple, aussi bien pour les enfants que pour les adolescents, il y a des activités encadrées: sport... danse... préparation de spectacles ... c'est très varié. Un autre exemple: il y a ce que le Club Med appelle les 'villages adultes', particulièrement appréciés des personnes qui partent en solo ou avec une bande de copains.

– Passer ses vacances au Club Med, ça ne fait pas un peu 'prison dorée'?

– Oh, vous savez, en général les amateurs du Club Med n'aiment pas bronzer idiots, et ils ajoutent fréquemment des excursions à leur forfait. Au Sénégal, par exemple, le Club offre actuellement un choix de huit excursions différentes, dont une sur l'île de Gorée, qui était un point de départ des bateaux d'esclaves en route pour l'Amérique.

5 In pairs, students discuss the advantages and disadvantages of different types of holiday.

6 Students produce a radio advertisement encouraging listeners to opt for a particular type of holiday.

Grammar

The passive

This section explains the passive voice and how to form it.

Note that at AS level, productive use of the passive is limited to the present tense; receptive knowledge only is required for other tenses in the passive.

A Students search the Club Med text for examples of the passive and translate them into English. All these examples are in the perfect tense.

Answers:
le Club Med a été fondé – Club Med was founded
le premier village de neige a été inauguré – the first winter sports village was opened
le 'collier-bar' a été créé – the 'bar beads necklace' was created
le collier a été remplacé en 1974 par... – the necklace was replaced in 1974 by...
le premier village américain a été implanté dans la campagne du Colorado – the first American village was set up in the Colorado countryside
l'année 1990 a été marquée par... – the year 1990 was marked by...

B This activity focuses on use of the passive in a range of tenses. Students translate the sentences into English.

Answers:
1 *Future tense – A new club will perhaps be established in France in a few years' time.*
2 *Perfect tense – The 'bar beads necklaces' were replaced by 'bar tokens/tickets'.*
3 *Present tense – A very large choice of destinations is offered.*
4 *Future tense – The coming years will be marked by greater emphasis on luxury.*
5 *Conditional tense – I would like to be invited to go to Club Med.*

L'écotourisme

pages 100–101

Planner

Grammar focus

♦ Starting a sentence with an infinitive

Skills focus

♦ Tackling listening tasks more effectively

Key language

♦ *un site protégé, une zone rurale, un village dépeuplé*
♦ *les hautes pointes neigeuses, le massif alpin, le point le plus élevé de*
♦ *la saison estivale, en haute saison*
♦ *un climat agréable, l'écotourisme/le tourisme solidaire, une randonnée (en montagne), un sens de responsabilité envers, des activités artisanales, les amateurs de haute montagne, une opération de secours, sensible à (la nature)*
♦ *abandonner les déchets, attirer (des visiteurs), atteindre le sommet, bénéficier de, contribuer à l'économie, découvrir une autre culture, dormir en plein air, économiser, escalader, faire la découverte du paysage, limiter l'impact de, mettre en danger, polluer, se rapprocher de la nature, réduire la pollution, réduire les dégâts*

Resources

♦ Student Book pages 100–101
♦ CD 2 tracks 16–17
♦ *Feuilles de travail* 9.3 and 9.5, CD 3 track 17
♦ Grammar Workbook page 70

---

1 In pairs, students discuss ways in which tourism can have a negative impact on the environment. The photos provide some ideas. If appropriate, supply key phrases, e.g. *la pollution causée par les avions/ le bruit/les voitures, les déchets sur les plages et dans la mer, les hôtels qu'on construit au bord de la mer/très proche de la plage, les feux de forêt causés par les vacanciers/les touristes.*

 2 Students listen to a report about environmental damage to Mont Blanc. They decide whether statements a–h are true or false and correct the false statements. If appropriate, look at the *Compétences* section on listening techniques before playing the recording.

F 9.3 *Feuille de travail* 9.3 provides further reading activities around the theme of *La route des vacances.*

Answers:
a *Faux (le Mont Blanc n'est pas protégé par l'Unesco)*
b *Vrai*
c *Vrai*
d *Faux (la surfréquentation est surtout en été)*
e *Vrai*
f *Faux (les visiteurs ne sont pas sensibles à la préservation de l'habitat)*
g *Faux (le nombre d'opérations de sauvetage se multiplie)*
h *Vrai*

CD 2 track 16   **p. 100, activité 2**

Situé au cœur de l'Europe, le massif du Mont Blanc est le seul grand massif planétaire à ne pas bénéficier de la protection de l'Unesco. Le Mont Blanc, avec l'élégance de son granite, est le point le plus élevé du massif alpin. Culminant à plus de 4 800 mètres, de ses hautes pointes neigeuses à ses glaciers qui rejoignent ses vallées tempérées, il est un refuge pour une faune et une flore d'une variété impressionnante.

Hélas, le Mont Blanc est en danger. Devenu un objet de consommation pour les amateurs d'émotions fortes qui cherchent à atteindre son sommet à tout prix, il souffre maintenant de surfréquentation, en particulier pendant la saison estivale, où il n'est pas rare d'enregistrer trois à quatre cents départs quotidiens.

On pourrait penser que les amateurs de haute montagne montreraient un sens des responsabilités supérieur à la moyenne, mais ce n'est pas le cas. On le voit quand on découvre la multitude de déchets abandonnés par des visiteurs peu scrupuleux.

Ce n'est pas seulement la montagne que les 'mauvais' visiteurs mettent en danger. On constate par exemple la multiplication des opérations de secours et des accidents mortels dus à l'inexpérience et l'irresponsabilité de certains visiteurs. A ceci, il faut ajouter qu'en haute saison certains visiteurs sont obligés de coucher dehors à cause des refuges de montagne surpeuplés. Ils mettent donc leur propre vie en danger.

3a Students read a two-sentence definition of ecotourism. They then conceal the final word and read the sentence again, trying to remember the hidden word. They repeat this, concealing more and more words from the end of the sentence each time. The aim is to be able to reproduce the whole definition from memory.

 3b Students listen to a paraphrased version of the ecotourism definition. They note it down then compare with a partner: encourage students to speak in French for this.

Instead of pausing the recording during the definition, play it as many times as is necessary for students to be able to note it down in its entirety.

CD 2 track 17	p. 101, activité 3b

L'écotourisme est un type de tourisme respectueux de l'environnement et de ses habitants, et qui contribue à leur économie. On l'appelle également le tourisme équitable.

4a Students match sentence halves to build up some key information about ecotourism.

Answers:
1 *g*   **2** *e*   **3** *b*   **4** *a*   **5** *h*   **6** *c*   **7** *d*   **8** *f*

4b Students do activity 4a again, this time orally and in pairs. Student A reads out the sentence beginnings 1–8 in any order; B hides the sentence beginnings so he/she has to listen carefully to be able to complete the sentences correctly. The pair exchange roles.

Compétences

Tackling listening tasks more effectively

This section provides tips to help students develop listening techniques.

A Students go back to some of the recordings from earlier units in order to put the advice into practice.

F 9.5   *Feuille de travail 9.5 provides further practice on improving listening skills.*

Grammaire

Starting a sentence with an infinitive

This section points out that starting a sentence with an infinitive is a useful way to vary sentence structure.

A Students translate sentences 1–8 from activity 4a into English. They are asked to consider which structure is used in English instead of the infinitive (the present participle).

Answers:
1 *Going for long walks in the mountains allows you to get close to nature without causing pollution.*
2 *Limiting and sorting your rubbish while away on holiday is a good way of reducing your impact on the environment.*
3 *Choosing to eat local produce allows you to help local agriculture.*
4 *Focusing on exploration of the countryside allows you to become more aware of the preciousness and fragility of nature.*

5 *Saving water and energy is just as important on holiday as during the rest of the year.*
6 *Choosing to buy locally produced souvenirs can help traditional crafts to survive.*
7 *Spending more time in the same place allows you to reduce pollution caused by transport.*
8 *Spending one's holidays in rural areas helps depopulated villages to survive.*

B Students find examples of sentences beginning with an infinitive in texts A–D on page 98, and translate them into English.

Answers:
Bronzer idiot ne les dérange pas – Getting a suntan doesn't concern them
Faire la grasse matinée n'est pas une de leurs activités favorites – Staying in bed until late in the mornings isn't one of their favourite activities
Les sortir du lit avant 2 h de l'après-midi est difficile – Getting them out of bed before two o'clock in the afternoon is difficult
Rester immobiles pendant plus de cinq minutes est pour eux un effort quasi-impossible. – Staying still for more than five minutes is almost impossible for them.
Loin de privilégier les villages de vacances du style 'prison dorée' – Far from preferring 'golden prison' holiday villages

C Students write sentences starting with infinitives. They are asked to come up with a set of 'ironic' sentences aimed at heightening awareness of eco-friendly behaviour while on holiday, e.g. *En vacances, acheter des boissons en bouteilles en plastique est une excellente façon d'augmenter les besoins en recyclage.* Some key phrases are provided as prompts.

Pour et contre le tourisme

pages 102–103

Planner
Key language
♦ *un accompagnateur, l'artisanat, les bénéfices (sont réinvestis), hors-norme, une juste rémunération*
♦ *gérer*
Resources
♦ Student Book pages 102–103
♦ CD 2 track 18

1 Students explain (either orally or in writing) what they understand by French expressions a–h.

If appropriate, provide some key phrases as prompts, e.g. *A mon avis, ça veut dire (que)…;*
Je pense que c'est quand…; Je crois que c'est…; Ça ne serait pas…?

Answers:

a *road traffic, car traffic*

b *a car driver*

c *a traffic jam*

d *a peak weekend for road traffic*

e *gridlock in the town centres*

f *car sharing*

g *air pollution*

h *a pedestrian zone*

2 Students study the list of themes and work out which ones are addressed in the text *Sur la route des vacances.*

Answers:
a, b, d, e

3 Students search on the Internet to find the meaning of two phrases from the text *Sur la route des vacances.*

Answers:
Bison futé – an organisation giving details of road conditions, traffic congestion, etc. throughout France
le permis probatoire – provisional driving licence with a penalty points system

4 Students read the advert for TDS (*Tourisme et Développement Solidaires*) and answer questions a–c in English.

Answers:

a *to try out and promote new forms of tourism centred around meetings and exchanges*

b *this new type of holiday in a network of village communities, which have become TDS Host Villages*

c *the profits are re-invested in local development*

 5a Students listen to the first part of an interview with the African organisers from TDS and answer questions a–d.

Answers:

a *visiter des endroits où il n'y a pas de tradition de tourisme; faire des visites un peu hors de la norme; connaitre la vie quotidienne dans des villages à Burkina Faso*

b *l'artisanat; la cuisine; les travaux agricoles; la pêche en lagune et sur la plage*

c *des soirées culturelles*

d *un accompagnateur local*

CD 2 track 18   **p. 103, activités 5a et 5b**

Première partie

– Alors, à TDS, vous encouragez les touristes à visiter des endroits où il n'y a pas de tradition de tourisme?

– Voilà, oui. Nous cherchons à favoriser des visites un peu hors de la norme. Par exemple, on organise des séjours dans quelques villages au Burkina Faso, et on essaie de permettre aux touristes de faire la connaissance de la vie quotidienne là-bas.

– Et cela se fait comment?

– Il s'agit d'un séjour en immersion dans les villages. Les visiteurs campent, ils participent à toutes sortes d'activités traditionnelles, par exemple l'artisanat, la cuisine, les travaux agricoles, la pêche en lagune et sur la plage. Puis, il y a des soirées culturelles et des excursions dans la région à pied, en vélo, en pirogue ou en minibus.

– Ils ont le service d'un guide?

– Oui, un accompagnateur local prend en charge le groupe à partir de l'aéroport jusqu'à leur retour.

Deuxième partie

– Et ces projets font du bien à la communauté locale?

– D'abord, il y a des choses à apprendre sur les deux côtés. Nous faisons tout pour favoriser un esprit de respect et de solidarité. On fait tout selon les règles du tourisme équitable et on insiste sur une juste rémunération pour tous les participants africains. Mais les dons et cadeaux individuels sont interdits au profit des actions collectives soutenues par les villages.

– Donc c'est le village tout entier qui tire les bénéfices?

– Les bénéfices de ces séjours sont gérés par des Conseils Villageois de Développement au bénéfice de micro-projets de développement. Les bénéfices dégagés sont de l'ordre de 20 % à 30 % du chiffre d'affaires, soit environ 2 500 € par village et par an. Ceci représente par exemple l'équivalent de deux années de salaire d'un instituteur. Oui, tout est réinvesti dans l'économie locale.

– Et combien de personnes choisissent ce type de vacances chaque année?

– En cinq ans, plus de six cents voyageurs ont fait confiance à TDS. Et c'est un projet qui va grandir dans l'avenir, parce que l'infrastructure est déjà en place.

 5b Students listen again and complete sentences 1–11 with phrases a–k.

Answers:

1 e	2 i	3 d	4 h	5 b	6 j
7 f	8 g	9 a	10 k	11 c	

6a Working with a partner, students discuss the questions *Quels problèmes sont causés par le tourisme?* and *Quels sont les avantages du tourisme pour le voyageur et aussi pour la région visitée?*

6b Students write an article entitled *Pour et contre le tourisme*. They talk about the positives and the negatives, and conclude with their personal opinion.

Grammaire active

page 104

Planner

Grammar focus
- The passive
- The imperative

Resources
- Student Book page 104
- *Feuille de travail 9.4*

The passive

This section begins by reminding students that use of the passive can help to bring variety to their speaking and writing.

1 Students rewrite sentences in the passive. To build fluency, encourage them to practise doing this orally before doing it as a written exercise.

Answers:

a *Chaque année, la ville d'Orléans **est fréquentée** par des milliers de touristes étrangers.*

b *Orléans **est traversée** par la Loire, le plus long fleuve de France.*

c *Le weekend, les rives de la Loire **sont fréquentées** par de nombreux pêcheurs.*

d *Des ballades pour tous les gouts **sont organisées** par des organismes locaux.*

e *Les balades nocturnes **sont appréciées** particulièrement par les touristes.*

f *Le centre-ville et la banlieue **sont parcourus** par une ligne de tramway.*

g *La ville et ses environs **sont bien connus** pour la culture des roses.*

h *Tous les ans, le fabuleux parc floral **est visité** par de nombreux amateurs.*

i *Le 8 mai, Jeanne d'Arc **est célébrée** par un grand défilé.*

j *Ce jour-là, la cathédrale **est animée** par un spectacle son et lumière.*

2 Students identify which tense is used in passive sentences a–f.

Answers:

a *perfect*

b *immediate future*

c *future*

d *imperfect*

e *future*

f *present*

F 9.4 *Feuille de travail 9.4 provides additional practice using the passive.*

The imperative

This section reminds students of the use and formation of the imperative, including negative forms, reflexive verbs and the irregular *être*.

3a Students give a friend five pieces of advice about planning a holiday, using the *tu* form of the imperative.

3b Students write out five tips for their parents, who are visiting France for the first time, using the *vous* form of the imperative.

3c Students make five suggestions to a friend about things to do when they get to the beach, using the *nous* form of the imperative.

Unit 9 Assessment offers exam practice for this unit.

Extra

page 106

```
Planner

*Skills focus*
♦ Developing and justifying your point of view

*Resources*
♦ Student Book page 106
```

This page is aimed at A–A* students.

1 Students read the website texts about alternative tourism and explain the aims of the site to a partner in English.

Compétences

Developing and justifying your point of view

This section provides a structure for students to write an article in praise of alternative types of holidays. They gather vocabulary from the article on page 106; group ideas under headings; add further ideas to each group; and finally write their article following the suggested paragraphing structure. They conclude with a summary of why they personally think the concept of *vacances autrement* is attractive.

Unit 9 Assessment offers exam practice for this unit.

Unité 10　En famille

Unit objectives

By the end of this unit students will be able to:
♦ Discuss attitudes and conflict in family relationships
♦ Discuss the role of parents and parenting
♦ Talk about changes in family structure

Grammar

By the end of this unit students will be able to:
♦ Use inversion
♦ Use indirect object pronouns
♦ Recognise the past historic

Skills

♦ By the end of this unit students will be able to:
♦ Use different registers when speaking
♦ Respond to a literary text

page 107

1 Students read six newspaper headlines on the theme of the family. With a partner, they decide which they find most and least shocking, and then discuss the results with the class.

2 Students look at a cartoon of a family and imagine the answers to six questions about their life.

 3 Students listen to a recording about the family life of a young couple. They answer the activity 2 questions again.

Answers:
a *Oui, depuis trois ans.*
b *Elle a dix mois.*
c *Le père est ingénieur en informatique et la mère est prof d'anglais.*
d *Ils habitent un petit appartement près de Bordeaux.*
e *Oui.*
f *Laura passe ses journées à la crèche.*

CD 2 track 19　　　　　　**p. 109, activité 3**

La famille Roc est un modèle de famille française actuelle. Alain et Muriel sont mariés depuis trois ans. Alain s'est marié alors qu'il avait 30 ans et Muriel à l'âge de 27 ans. Ensemble, ils ont une petite fille, Laura, qui a aujourd'hui dix mois. Alain est ingénieur en informatique et travaille chez lui. Muriel est prof d'anglais dans un lycée de banlieue de plus de deux mille élèves. Ensemble, ils habitent dans un petit appartement près de

---

Bordeaux, une grande ville située dans le sud-ouest de la France. Ils aimeraient avoir un autre enfant mais ont peur de ne pas en avoir les moyens. En effet, les parents d'Alain sont tous les deux morts et ceux de Muriel habitent beaucoup trop loin – en Bretagne – pour s'occuper de Laura ou d'un nouveau bébé. De fait, Laura passe ses journées à la crèche et ses parents ne la voient que le soir après le travail et pendant les weekends ou les vacances.

La vie de famille

pages 108–109

Planner

Grammar focus
♦ Inversion

Skills focus
♦ Using different registers when speaking

Key language
♦ *adopté(e), décédé(e)*
♦ *une famille (monoparentale/nombreuse)*
♦ *l'aîné(e), le cadet/la cadette*
♦ *la vie de famille*
♦ *agaçant, exigeant, c'est le comble*
♦ *se disputer, s'entendre (bien) avec, se plaindre (de), faire des choses ensemble*

Resources
♦ Student Book pages 108–109
♦ CD 2 track 20
♦ *Feuilles de travail* 10.2 and 10.5

---

1 Students ask each other questions about their family and family life.

2a Students read an article about whether 'the typical family' still exists. They provide a subheading for each paragraph, then compare their ideas with other members of the class.

2b Students then complete a sentence to summarise each paragraph in their own words.

2c Students copy out the underlined phrases from the text and translate them into English.

Answers:
sous différentes formes – in different guises
son père étant décédé – as/because his father died
une famille monoparentale – a single-parent family
une famille nombreuse – a family with several children
le cadet – the youngest
ma demi-sœur – my half-sister/stepsister
une fête de famille – a family celebration
la vie de famille – family life

3a Students work in pairs to write a list of topics which provoke family arguments. They discuss their ideas in groups.

3b Students listen to a father and son talking about family arguments and make notes in a grid in English.

Answers:

	Grégory	**Olivier**
appearance	people criticise his clothes and hair	Grégory's clothes are strange, his hair is too long
school	he does his best	he thinks Grégory doesn't take his education seriously
smoking/ drinking	he doesn't smoke, he drinks only two or three beers at the weekend	he fears that Grégory smokes and drinks too much alcohol when he's with his friends
friends	his friends are very nice	likes most friends, worries about one or two
solution	his parents will have to accept that he has his own style and he's not going to change it	he would be able to calm down if Grégory would try harder at school

---

CD 2 track 20   **p. 108, activité 3b**

Grégory
Des disputes en famille? Oui, il y en a, surtout au sujet de mon look. J'achète une nouvelle veste, ça ne plaît à personne. Je me fais couper les cheveux, on dit qu'ils ne sont pas assez courts. Vraiment, je ne vois pas de solution sauf que mes parents comprennent que j'ai mon style à moi et que je ne vais pas le changer. Je fais de mon mieux à l'école, je ne fume pas et je ne bois que deux ou trois bières le weekend. J'ai des amis très sympa et je crois que ces choses-là sont plus importantes que mon look.

Olivier
Je m'inquiète surtout parce que Grégory ne semble pas prendre ses études au sérieux. Il passe une demi-heure à faire ses devoirs, puis il sort. Et quand je vois ce qu'il choisit de mettre quelquefois je m'inquiète encore plus. Avec ses vêtements bizarres et ses cheveux longs, on dirait qu'il n'est pas sérieux. J'aime la plupart de ses amis, mais un ou deux m'inquiètent quand même. J'imagine que Grégory fume et boit trop d'alcool quand il est avec eux. Mais si Grégory faisait un peu plus d'effort pour ses études, je pense que je pourrais me calmer.

F 10.2 *Feuille de travail* 10.2 provides additional speaking activities based around relationships between parents and young people.

4 Students read jumbled sentences recounting a family argument and put them in the correct order.

Answers:
c, g, b, h, a, d, f, e

Grammaire

Inversion

This section explains the use of inversion after speech.

A Students reread activity 4 and count the number of sentences with examples of inversion.

Answers:
sentences a, b, f, g, h

B Students search activity 4 for examples that use the extra 't' for ease of pronunciation.

Answer:
sentence f

C Students write an account of a family dispute. Encourage them to use some examples of inversion.

Compétences

Using different registers when speaking

This skills section explains what is meant by using different registers.

A Students read pairs of sentences describing difficulties at home. In each pair, the gist of the message is the same, but one sentence uses colloquial language and the other is more formal. Students choose the sentences that would be most appropriate to use when talking to a teacher.

Answers:
1 *b*   **2** *a*   **3** *a*   **4** *a*   **5** *b*

B Students rewrite three colloquial sentences in a more formal style.

Suggested answers:
1 *Je ne m'entends pas très bien avec mon frère.*

2 *Ma mère travaille beaucoup et je la vois rarement.*

3 *Je ne veux plus voir ma belle-mère/C'est bien si je ne vois pas ma belle-mère trop souvent.*

F 10.5 *Feuille de travail 10.5 provides further activities to practise using different registers when speaking.*

5 Students write two paragraphs of about 100 words each on family life: one is a frank account for their diary, and the other is for a French teacher who is about to meet their parents for the first time.

Le rôle des parents

pages 110–111

Planner

Grammar focus

♦ Indirect object pronouns

Key language

♦ *un appartement à soi, un conseil*
♦ *fier (de), frustrant*
♦ *s'adapter à, décider pour soi-même, devenir adulte, discuter, faire des compromis, faire de son mieux pour, grandir, s'imaginer que, négocier, prendre de la responsabilité pour, prendre ses propres décisions*

Resources

♦ Student Book pages 110–111
♦ CD 2 track 21
♦ *Feuille de travail 10.4*
♦ Grammar Workbook page 24

---

1 Students read the four responses on page 110 to the question *Devenir ado: ça change les rapports familiaux?* written by a father and daughter, and a mother and son. They summarise in English each person's point of view.

2a Students copy and enlarge the diagram representing the things they decide alone, the things their parents decide, and the things they decide together, and add their own ideas.

2b Students discuss the ideas from activity 2a in groups.

 3 Students listen as Luc talks about decision making by parents and children, and complete a cloze summary.

Answers:
C'est normal que les parents **décident tout pour leurs enfants petits**. *Mais à un certain âge les enfants devraient* **participer aux décisions**. *Et à dix-sept ou dix-huit ans, un ado doit* **décider pour soi-même**. *Mais il faut peut-être aussi* **faire des compromis**.

CD 2 track 21   **p. 111, activité 3**

Je trouve normal que les parents décident tout pour leurs enfants tant qu'ils sont petits – ce qu'on mange, où on va à l'école, à quelle heure on se couche, etcetera. Mais lorsqu'on grandit un peu on a le droit de parler avec eux et de participer aux décisions. Par exemple, si un enfant de onze ans ne veut plus jouer du piano, c'est son choix, n'est-ce pas? Et puis à notre âge, dix-sept, dix-huit ans, il est très important d'apprendre à décider pour soi-même. Une discussion est très utile, et si on n'est pas d'accord on peut négocier un peu, faire des compromis. Mais en fin de compte il faut apprendre à décider et prendre la responsabilité soi-même. Après tout, c'est ce que font les adultes!

---

4 Students look at the list of words and use a bi-lingual dictionary to make sure they know the meaning of them all.

5 Students consider how the roles in their family have changed over time, and how decisions are taken. They write three paragraphs to talk about when they were young, what happens now, and how decisions are taken. Structures are suggested to help students begin each paragraph.

Grammaire

Indirect object pronouns

This section reminds students of the indirect object pronouns and their usual position before the verb.

A Students reread the texts on page 110 and translate the underlined phrases into English.

Answers:
Laura:
Mes parents me parlent – My parents talk to me
Je dois leur dire – I have to say to them

Jean-Paul:
je dois souvent lui expliquer – I often have to explain to her
Elle ne nous dit pas grand-chose – She doesn't tell us much
Si on essaie de lui donner des conseils – If we try to give her any advice

Dimitri:
mes parents peuvent m'offrir des conseils utiles – my parents could give me useful advice
j'essaie de leur expliquer – I try to explain to them

Denise:
Nous essayons de lui accorder la liberté – We try to give him the freedom
quand il nous demande notre avis – when he asks our advice

B Students complete six sentences with the correct indirect object pronouns.

Answers:
1 *Dites-**lui** bonjour.*
2 *Je **leur** ai montré le livre.*
3 *On t'explique bien?*
4 *Nous **vous** expliquerons tout.*
5 *Tu **me** prêtes ton bic?*
6 *On **lui** demande beaucoup.*

Students are reminded that a verb takes an indirect object pronoun if it is followed by *à + quelqu'un.*

C Students translate sentences 1–5 into French using indirect object pronouns.

Answers:
1 *Ils me donnent de l'argent.*
2 *Je leur dirai que c'est impossible.*
3 *Il lui apprend à nager.*
4 *Elle nous donne beaucoup de bonbons.*
5 *Demande-lui!*

F 10.4 *Feuille de travail 10.4 provides additional practice in using indirect object pronouns.*

La famille en crise?

pages 112–113

Planner

Grammar focus
♦ Recognising the past historic

Key language
♦ *le mariage, le divorce, le taux de divorce, le déclin du mariage, le PACS (pacte civil de solidarité)*
♦ *le conjoint, un couple non marié*
♦ *la carrière, la disparition (de la famille élargie)*
♦ *divorcer, élever un enfant, faire garder ses enfants, se marier, se séparer, se terminer en divorce, vivre en couple non marié, vivre seul*

Resources
♦ Student Book pages 112–113
♦ CD 2 track 22
♦ *Feuilles de travail 10.1 and 10.3*, CD 3 track 18
♦ Grammar Workbook pages 52–53

1a Students read statistics on family and marriage, then write sentences to explain selected figures.

Answers:
a *8,3 millions de femmes vivent seules en France.*
b *21 % des familles élèvent trois enfants.*
c *En moyenne, les femmes en France ont 1,73 enfants.*
d *Il y a en France 1,2 millions de familles monoparentales.*
e *Les hommes se marient autour de 29 ans.*

1b Students give some opinions on the statistics from activity 1a. Some adjectives are supplied as prompts.

 2a Students listen to a report on changes in the structure of the French family and put seven summary headings into the correct order.

Answers:
c, e, a, g, b, d, f

CD 2 track 22   **p. 112, activités 2a et 2b**

La famille française n'est pas réellement en crise. Elle a beaucoup changé, certes, mais tous les sondages le montrent: la famille reste quelque chose d'extrêmement important pour l'écrasante majorité des Français. Les changements, donc? Eh bien, il y en a plusieurs.

Les jeunes commencent à avoir des enfants plus tard dans la vie, plus près de l'âge de 30 ans que de 20 ans, généralement parce qu'ils décident de faire des études plus longues qu'auparavant.

La plupart des femmes continuent à travailler après leur mariage, ce qui n'était pas le cas auparavant. Faire garder des enfants coute cher, et pour certaines femmes, être mère peut aussi devenir une forme d'handicap par rapport à une carrière.

Avec un taux de divorce record et un nombre de mariages en baisse, la France connait une réelle crise du mariage. Les raisons sont complexes mais on peut par exemple citer comme explications possibles le déclin des valeurs religieuses et une acceptation plus générale par la société des couples non-mariés.

Le Pacte Civil de Solidarité est un statut juridique pour les couples non-mariés qui donne des garanties juridiques quasiment équivalentes à celles d'un mariage.

C'est un problème que connaissent beaucoup de pays occidentaux avec un nombre d'enfants par famille souvent inférieur à deux. Un chiffre qui s'explique par la généralisation des moyens de contraception et par certains aspects du mode de vie actuel. Ainsi, dans les grandes villes françaises, les logements sont souvent chers et étroits, ce qui dissuade beaucoup de familles d'avoir un très grand nombre d'enfants.

Beaucoup de personnes choisissent de vivre seules, de vivre en couple non-marié avec peu ou pas d'enfant, pour pouvoir profiter au maximum de leur liberté, de leurs loisirs ou des satisfactions liées à leur travail.

De nombreuses personnes vivent aujourd'hui loin de leurs parents, ce qui limite le nombre et le type d'activités familiales possibles. De fait, cela a aussi beaucoup réduit le rôle que les grands-parents jouent dans l'éducation de leurs petits-enfants.

 2b Students listen again and fill in gaps in a cloze summary.

Answers:

a *Les **jeunes** ont des enfants plus **tard** dans la vie.*

b *Etre **mère** peut être un **handicap** dans la carrière d'une femme.*

c *La France connait une réelle crise du **mariage** avec un **taux** de divorce record.*

d *Le PACS est un statut **juridique** pour les couples **non-mariés**.*

e *Dans les grandes villes françaises, les **logements** sont souvent chers et **étroits**.*

f *Beaucoup de personnes choisissent de vivre **seules** pour **profiter** de leur liberté.*

g *De nombreuses personnes vivent aujourd'hui **loin** de leurs **parents**.*

3 Students write 150 words on the title *La famille traditionnelle est-elle en crise?* They are prompted to quote statistics, give their own examples and justify their personal opinion.

4 Students work in pairs imagining what subject might cause arguments between the pairs of family members listed. They then compare ideas in a group.

5a Students read the three texts about family, and decide which category best fits each. Note there are three texts but five possible categories.

Answers:

1 *b (roman)*

2 *a (texte sociologique)*

3 *d (journal local)*

5b Students reread the three texts, and decide which extract gives the information in points a–e.

Answers:

a *texte 3*

b *texte 2*

c *texte 2*

d *texte 1*

e *texte 1*

5c Students make up a title for each text.

F 10.1 *Feuille de travail* 10.1 provides additional listening activities, based around a recording about the film *Les Enfants*, which address this theme.

F 10.3 *Feuille de travail* 10.3 provides additional reading activities on this theme.

Grammaire

Recognising the past historic

This section explains the past historic and how to recognise it.

A Students say which two texts in activity 5 contain verbs in the past historic, and what kinds of text they are.

Answers:

Texts 1 (novel) and 3 (newspaper report)

Some irregular past historic forms are given.

B Students translate sentences 1–4 into English.

Answers:

1 *He found her so pretty that he married her immediately.*

2 *An altercation developed.*

3 *She didn't have time to react.*

4 *They did their best to console her.*

Three examples are given of how the infinitive can usually be worked out quite easily from the past historic form.

C Students translate sentences 1–5 into English.

Answers:

1 *She took his/her gloves immediately/straight away.*

2 *They had to leave early in the morning.*

3 *She cried as she read the message.*

4 *He didn't believe it was true.*

5 *They drank only wine.*

Grammaire active

page 114

Planner

Grammar focus

♦ Revision of tenses

Resources

♦ Student Book page 114

Revision of tenses

Students are reminded of the different uses of the perfect, imperfect and pluperfect tenses.

1 Students prepare a short talk on their own family life ten years ago, and are prompted to cover a range of ideas using the three past tenses.

Students are reminded that when they are answering questions in French about a text, it is important to use the same tense in their answer as is used in the question.

2 Students read a job advert for au pairs to work in English-speaking countries and answer questions on it in French. The questions are structured so as to prompt a range of tenses in the answers.

Answers:

a *Il faut avoir un minimum de 18 ans.*

b *Elle pourra passer trois mois dans un pays anglophone, elle améliorera ses connaissances de la langue anglaise, elle sera logée et nourrie, et elle gagnera environ 400 euros par mois.*

c *own answer (conditional tense)*

d *own answer (present tense)*

e *own answer (past tense)*

f *own answer (conditional tense)*

Extra

page 116

Planner

Skills focus

♦ Responding to a literary text

Resources

♦ Student Book page 116

This page is aimed at A–A* students.

1 Students read a short extract from *Le Rouge et le Noir* by Stendhal. They work in pairs to match the list of English meanings to the words underlined in the text.

Encourage them to use context to help with this, considering which of the given meanings fits into each gap. In some cases, knowledge of word families should help, for example linking *perte* to *perdre*.

If your class might still find this difficult, work through it with them, discussing the sensible choices as you go.

Point out to any students applying to university to read French that if they choose a very literary course they will be studying whole novels in French, so this activity serves as a taster!

Answers:

1 *c*	2 *f*	3 *g*	4 *k*	5 *a*	6 *h*
7 *e*	8 *i*	9 *b*	10 *d*	11 *j*	

2 Students read the *Compétences* section about responding to a literary text and do the activities. They then use this preparatory work and these techniques to describe in writing their reaction to the extract from *Le Rouge et le Noir*, including commenting on the action that takes place; the attitude of the two characters; the atmosphere; and their own impression of the message that Stendhal wanted to convey when he wrote this scene.

3 Students carry out research on Stendhal and his work, in particular finding answers to the questions *Quand a-t-il vécu? Quelles sont ses œuvres principales? Quels thèmes étaient importants pour lui?*

Compétences

Responding to a literary text

This skills section gives techniques for a structured response to a literary text.

♦ Know what is happening

A Students copy and complete the English summary of the extract.

Suggested answer:
*This extract is about an argument between **a father and his son, Julien**. The father is furious because **the son is reading while he is supposed to be working**, and so he **knocks his book out of his hand and hits him, almost making him fall into the machinery**.*

♦ Say what you think about the characters and what is happening.

B Students use starter phrases to structure their notes about the two characters and how they differ.

♦ Look at the language – what atmosphere is the author trying to convey?

C Students make a list in French of words and phrases reflecting various aspects of the scene.

Answers:
1 *la terrible voix de son père; un coup violent/un second coup aussi violent*
2 *paresseux; tes maudits livres; perdre ton temps chez le curé*
3 *il avait les larmes aux yeux; son livre qu'il adorait*
4 *le bruit de la scie; les leviers de la machine en action; l'action de/de garde à/à côté de la scie*

Unit 10 Assessment offers exam practice for this unit.

Unité 11   L'amitié

Unit objectives

By the end of this unit students will be able to:
♦ Talk about the importance and role of friendship and love
♦ Discuss conflicts with friends
♦ Talk about peer pressure

Grammar

By the end of this unit students will be able to:
♦ Use the subjunctive after certain conjunctions
♦ Recognise the conditional perfect
♦ Use the subjunctive to express doubt and uncertainty

Skills

♦ By the end of this unit students will be able to:
♦ Use a monolingual dictionary
♦ Infer meaning in a literary text

page 117

1 Students have 60 seconds to write down as many 'pairs' of friends from films, books and daily life as they can think of. They compare their list with a partner.

2 As a class, students discuss six questions relating to friends and friendship.

C'est quoi, l'amitié?

pages 118–119

Planner

Grammar focus
♦ Use of the subjunctive after certain conjunctions

Key language
♦ *l'amitié, l'égoïsme, la jalousie*
♦ *fidèle*
♦ *bien que, à moins que, de peur que*
♦ *avouer, bouder, être amoureux de, faire des compromis, laisser tomber quelqu'un, négliger, promettre de, se fâcher*

Resources
♦ Student Book pages 118–119
♦ *Feuille de travail* 11.3
♦ Grammar Workbook pages 62–63

1a Students consider the question *C'est quoi, l'amitié?* and add two ideas to each of the three categories given: what makes a good friend; what you can do with a good friend; things that can destroy friendships.

1b Students compare their own ideas with a partner.

2a Students complete the quiz. There are no right or wrong answers in this case, the aim of the quiz is to encourage them to reflect on whether or not they are a good friend in the light of their responses in activity 1.

2b In groups, students discuss their answers to the quiz and consider which is a 'best' answer to each question and whether other answers are also possible.

3 Students write 150–200 words about friendship, saying why they think friendship is important, what makes a good friend and what can destroy friendship. They conclude by describing one of their own friends and saying why he/she is important to them.

4a Students read the opinions of four young people about whether you have to choose between love and friendship. They name the two people who don't neglect their friends when they have a boyfriend/girlfriend.

Answers:
Louis, Saïda

4b Students reread the texts and find the French for phrases a–h.

Answers:
a *quand on est amoureux de quelqu'un*
b *de peur qu'il me quitte*
c *je tiens beaucoup à ne pas négliger mes amis*
d *mes amis seront toujours auprès de moi*
e *tant pis pour lui*
f *je dois avouer que*
g *je laisse tomber un peu mes amis*
h *pour être honnête*

F 11.3 Further reading practice on the theme of friendship can be found on *Feuille de travail* 11.3.

Grammaire

Subjunctive

This section looks at the use of the subjunctive after certain conjunctions and its formation for regular verbs and some common irregular verbs.

A Students find four verbs in the subjunctive in the texts on page 119 and give their infinitives.

Answers:
*ils soient – **Maeva, être***
*j'aille – **Louis, aller***
*ils sachent – **Saïda, savoir***
*elle puisse – **Arthur, pouvoir***

B Students look at the list of conjunctions given, and find those that are used before the verbs in activity A.

Answers:
*ils soient – **à moins que***
*j'aille – **bien que***
*ils sachent – **afin que***
*elle puisse – **pour que***

The formation of the subjunctive for regular verbs is explained. The subjunctive form of seven common irregular verbs is given, with a reminder that these will need to be learned by heart.

C Students reread Maeva's text and find an example of an expression followed by the subjunctive of a regular verb.

Answer:
de peur qu'il me quitte

D Students translate six phrases into French using expressions from the list in activity B. They are reminded that all these expressions need to be followed by the subjunctive form.

Answers:
1 *avant que tu partes/vous partiez*
2 *jusqu'à ce qu'ils/elles arrivent*
3 *à moins qu'ils/elles puissent*
4 *pourvu qu'il soit*
5 *bien qu'ils/elles sachent*
6 *de peur qu'elle aille*
7 *afin qu'il parte*
8 *sans que je trouve*

Amitié ou conflit?

pages 120–121

Planner

Grammar focus
♦ Recognising the conditional perfect

Skills focus
♦ Using a monolingual dictionary

Key language
♦ *le comportement*
♦ *déçu, honnête*
♦ *elle me manque, il vaux mieux (+infinitive), ce n'est pas la fin du monde*
♦ *se disputer, s'entendre (bien) avec, se faire de nouveaux amis, courir le risque de, éviter le conflit, faire confiance à, garder le contact, rester en contact, rompre avec quelqu'un*

Resources
♦ Student Book pages 120–121
♦ CD 2 track 23
♦ *Feuilles de travail* 11.4 and 11.5
♦ Grammar Workbook page 79

1a Students read a series of texts about relationships with friends, posted on an Internet message board. They study a list of statements a–h and decide whether each one relates to Saïda, to Luc or to neither.

Answers:
Saïda – a, c, d, g
Luc – e, f
aucun – b, h

Compétences

Using a monolingual dictionary

This section provides advice on using a monolingual dictionary to find synonyms.

A Students look seven words up in a monolingual dictionary and find synonyms.

Answers:
Answers will vary depending on the dictionaries used, but might include:
1 *une discussion, une querelle*
2 *une relation, un lien*

3 *en finir avec, mettre fin à des relations avec,*
ne pas rester en contact avec

4 *l'antagonisme, la lutte, la dispute*

5 *adorer*

6 *avoir horreur de, abhorrer, haïr*

7 *donner des conseils à, recommander*

F 11.5 Further activities to practise use of monolingual dictionaries are provided on *Feuille de travail* 11.5.

1b Students focus on five responses to Saïda's and Luc's messages. They study a list of eight statements and attribute them to the five responses.

Answers:
Yasmine – d, h
Raphaël – b, g
Hichim – a
Alice – e
Juliette – c, f

2a This recording focuses on Saïda's and Luc's problems from the point of view of the two other people involved: Saïda's friend Louise, and Luc's girlfriend Antonéta. Students listen and complete a cloze summary.

Answers:

1 *dix*	8 *téléphonait*
2 *moments*	9 *souvent*
3 *compris*	10 *garçons*
4 *problèmes*	11 *jaloux*
5 *écouter*	12 *voir*
6 *compassion*	13 *expliquer*
7 *amusant*	14 *comprend*

CD 2 track 23   **p. 121, activité 2a**

Louise
J'ai passé de bons moments avec Saïda et je suis triste de penser que je ne la verrai plus très souvent. On se connaît depuis dix ans, depuis l'école primaire en fait, et elle me manquera, j'en suis sure. Mais, c'est aussi un nouveau départ pour moi. J'ai eu pas mal de difficultés avec mes parents ces derniers mois et je ne sais pas si Saïda a toujours bien compris. Quand je voulais lui expliquer ce qui se passait à la maison, elle s'intéressait plus à ses propres problèmes. Elle se demandait avec qui elle allait sortir et passer ses weekends après mon départ. Je trouve qu'elle aurait pu m'écouter avec plus de compassion.

Antonéta
Au début j'aimais bien Luc. On est allés au cinéma plusieurs fois et on a beaucoup ri ensemble. Il est amusant. Après, il a pris l'habitude de me téléphoner le soir et le weekend et, après quelque temps, il le faisait de plus en plus souvent et ça m'énervait. Il n'aimait pas ça

---

si je sortais avec d'autres garçons ou même si je parlais trop avec eux. Je crois qu'il était jaloux. Moi, je ne voulais pas abandonner mes autres amis et je ne voulais pas passer mes soirées au téléphone. Peu à peu, j'ai arrêté de répondre et j'ai décidé de ne plus le voir. Si je le rencontrais, je ne savais pas quoi dire. C'était gênant! J'aurais dû lui expliquer que je ne voulais plus le voir, mais j'avais un peu honte. Heureusement, je crois qu'il commence à comprendre maintenant.

2b Students discuss the effects that other people can have on young people, e.g. problems caused by relationships with friends, peer pressure etc.

3 Students write about 150 words to describe a problem they have had with a friend. Guidelines are provided.

Grammaire

Recognising the conditional perfect

This section explains the conditional perfect, including use of the structures *j'aurais dû* and *j'aurais pu.*

A Students reread the texts on page 112 and find three phrases in the conditional and two more in the conditional perfect.

Answers:
Conditional:
*Saïda: Que **feriez**-vous à ma place?*
*Hichim: On **dirait** qu'elle en a assez de toi!*
*Alice: Je **sortirais** avec d'autres copains et je **ferais** plein d'autres choses.*

Conditional perfect:
*Raphaël: Tu **aurais dû** y penser! Il **aurait été** plus raisonnable…*

B Students read eight sentences and decide whether they use a conditional or a conditional perfect. They translate them into English.

Answers:
1 *If Louise lived a long way from Saïda, they wouldn't see each other often. (conditional)*
2 *Saïda should have paid more attention to Louise. (conditional perfect)*
3 *If Louise's parents hadn't got divorced, she wouldn't have moved. (conditional perfect)*
4 *The two girls could correspond by email. (conditional)*
5 *Luc, you shouldn't phone me every evening! (conditional)*

6 *You could go out with your other friends. (conditional)*

7 *Luc would have been sad if Antonéta had told him that she didn't want to see him any more. (conditional perfect)*

8 *If Antonéta had really loved Luc, she wouldn't have gone out with other boys. (conditional perfect)*

F 11.4 *Feuille de travail 11.4 provides more practice on the conditional perfect.*

La pression des pairs

pages 122–123

Planner

Grammar focus

♦ Use of the subjunctive to express doubt or uncertainty

Key language

♦ *une bande, un caractère (fort), la pression des pairs, le vol à l'étalage*

♦ *embêtant, lâche*

♦ *au lieu de*

♦ *avoir le courage de, être à l'aise avec, être obligé de, exercer une influence sur, faire face à, se laisser influencer par, lancer/imposer un défi, tirer des conclusions*

Resources

♦ Student Book pages 122–123

♦ CD 2 track 24

♦ *Feuilles de travail* 11.1 and 11.2, CD 3 tracks 19 and 20

♦ Grammar Workbook page 62

---

1 Working in pairs, students look at the words and phrases provided and discuss in which areas they think they are influenced by their friends, and in which they make up their own mind. They also consider how much influence parents and teachers have in the different areas.

2 Students read the four texts about peer pressure, and match the opinions a–h to the four young people.

Answers:

a *Julien*	**e** *Naomi*
b *Eve*	**f** *Naomi*
c *Julien*	**g** *Raphaël*
d *Raphaël*	**h** *Eve*

3a Students read a short story about peer pressure. They work with a partner to decide whether or not Anna will resist the pressure from her friend to go shop-lifting, and write the ending.

3b Students work with a partner to reflect on and discuss an occasion when they have felt under pressure from their peers. With a partner, they discuss how they reacted, and why.

 4a Students listen to and read eight opinions about peer pressure, and decide whether they agree or not with each speaker.

CD 2 track 24	p123, activité 4a

1 Je crois que les jeunes sont très influencés par leurs amis.

2 Je ne pense pas que les jeunes soient obligés de faire tout ce qu'on leur dit.

3 Je ne pense pas que les jeunes fassent tout simplement ce que leur disent leurs copains.

4 Il me semble qu'on peut toujours décider pour soi-même.

5 Je doute que les parents puissent toujours jouer un rôle décisif.

6 Moi, je ne crois pas qu'on puisse tirer des conclusions générales.

7 J'estime que chacun doit décider pour soi-même.

8 Je pense que la plupart des jeunes savent très bien prendre une décision individuelle.

4b Students translate the eight opinions in activity 4a.

Answers:

1 *I think that young people are very influenced by their friends.*

2 *I don't think that young people have to do everything they are told.*

3 *I don't think that young people simply do everything their friends tell them to.*

4 *It seems to me that people can always decide for themselves.*

5 *I doubt whether parents can always play a decisive role.*

6 *Personally, I don't think you can draw any general conclusions.*

7 *I think that everyone should decide for themselves.*

8 *I think that most young people are quite capable of making decisions for themselves.*

F 11.1
F 11.2 Further listening and speaking activities focusing on the theme of peer pressure can be found on *Feuilles de travail* 11.1 and 11.2.

Grammaire

Use of the subjunctive to express doubt or uncertainty

This section looks at the use of the subjunctive to express doubt or uncertainty after negative phrases such as *je ne pense pas que.*

A Students look back at the opinions from activity 4 and make two lists of phrases for expressing an opinion – those followed by the subjunctive, and those not followed by the subjunctive.

Answers:
Followed by subjunctive: Je ne pense pas que; Je doute que; je ne crois pas que
Not followed by subjunctive: Je crois que; Il me semble que; J'estime que; Je pense que

B Students decide which of five expressions will be followed by the subjunctive.

Answers:
j'aime mieux que; je ne suis pas sûr si; crois-tu vraiment que...?

C Students translate six sentences into French, using the subjunctive where necessary.

Answers:
1 *Il ne pense pas qu'elle ait raison.*
2 *Je doute que tu puisses le faire.*
3 *Elle pense que c'est stupide.*
4 *Nous ne pensons pas que vous soyez honnête(s).*
5 *Crois-tu vraiment qu'il ait l'argent?*
6 *Ils/Elles sont convaincu(e)s que c'est une bonne idée.*

5a Students read extracts from a chat site where young people are discussing stress. They complete a phrase about each participant in their own words.

5b Students find four phrases in the subjunctive.

Possible answers:
Sandrine: mes parents veulent que je passe; (ils) n'aiment pas que je me détende
Fleur: je doute que tout ce stress soit nécessaire; à moins que tu préfères
Lars: de peur que tu sois obligée
Thomas: je ne crois pas que ce soit raisonnable

5c Students write a short contribution to the chat site.

Grammaire active

page 124

+---------------------------------------+
| **Planner** |
| |
| *Grammar focus* |
| ♦ Conditional perfect |
| ♦ Using the subjunctive |
| |
| *Resources* |
| ♦ Student Book page 124 |
| ♦ *Feuille de travail 11.4* |
+---------------------------------------+

Conditional perfect

Students are reminded of the uses of the conditional perfect to say what would, could or should have happened.

1 Students translate six possible endings to the sentence *Si j'avais vu Philippe ce soir là...* into English.

Answers:
a *... I would have explained everything.*
b *... I would have apologised.*
c *... he would have understood.*
d *... he would never have gone to the party without me.*
e *... we would not have argued.*
f *... he would still be my boyfriend.*

F 11.4 *Feuille de travail 11.4 provides more practice on the conditional perfect.*

Students are reminded of the formation of the subjunctive for regular verbs and some common irregular verbs.

2 Students translate into French six short phrases using the subjunctive.

Answers:
a *que j'aille*
b *que nous pensions*
c *qu'il dise*
d *qu'ils/elles puissent*
e *qu'elle boive*
f *que tu comprennes*

Students are reminded of the use of the subjunctive after some conjunctions and to express doubt or uncertainty.

3a Students match sentence openings 1–6 to endings a–f.

Answers:
1 *c*
2 *d*
3 *a*
4 *f*
5 *b*
6 *e*

3b Students translate the six sentences created in activity 3a into English.

Answers:
1 *They will succeed unless they forget my advice.*
2 *I will explain to you for fear that you don't know the truth.*

3 *I doubt that he will come.*

4 *I don't think that they are right.*

5 *He is learning the rules although he doesn't understand them.*

6 *We will buy it although we aren't rich.*

4 Students complete six sentences by choosing in each case an appropriate verb from those suggested and filling the gap with the subjunctive form.

Answers:

a *C'est difficile. Je ne suis pas sure que tu* **comprennes**.

b *Je doute qu'il **ait** tort.*

c *Je ne pense pas que les enfants **viennent** avec nous.*

d *Elle ne croit pas que sa mère **puisse** l'aider.*

e *Ils ne croient pas que je ne **boive** que de l'eau.*

f *Nous doutons que tout le monde **soit** prêt.*

Extra

page 126

Planner

Skills focus

♦ Inferring meaning when reading (2)

Resources

♦ Student Book page 126

This page is aimed at A–A* students.

1 Students divide into two groups to research the author Marcel Pagnol. One group can carry out research using extracts from the films *La Gloire de mon père* and *Le Château de ma mère* on YouTube, while a second group carries out research into his life. Each group prepares a short presentation to share the results of their research with the whole class.

2 Students read the extract from *Le Château de ma mère* on page 126, where a young Marcel talks about childhood memories from 1900 and about his best friend, Lili, and write down three adjectives that describe each of the boys.

Compétences

Inferring meaning when reading (2)

Students are told that the skills they learned to infer meaning in a journalistic text on page 32 can equally well be applied to a literary text.

A The extract from *Le Château de ma mère* tells a lot in a short space, but to undertand everything you have to read between the lines. Students read the passage carefully and then answer questions.

Answers:
Students will come up with their own ideas, but key points that could be included are:

1 *Lili était toujours là de bonne heure, non-accompagné; il s'organisait tout seul; on a l'impression que c'est Lili qui dirige les activités – il savait tout de la campagne.*

2 *C'est son père qui a acheté les pièges, pas lui; les choses dont ils parlaient étaient plutôt des choses d'enfance; sa manière de raconter ses expériences sur les montagnes russes; ses calculs rapides préparés d'avance et la table de multiplication rappellent les cours à l'école.*

3 *Il dit qu'il voulait justifier l'opinion de Lili qu'il était un savant en préparant des calculs difficiles à l'avance pour pouvoir l'impressionner en les faisant ensuite sans papier et crayon; il a appris la table de multiplication jusqu'à treize fois treize.*

---

3 Students write a 250–300 word description of a day spent with a good friend, either recently or when they were small, and try to capture the essence of their friendship.

Unit 11 Assessment offers exam practice for this unit.

Unité 12   La vie seul et la vie à deux

Unit objectives

By the end of this unit students will be able to:
♦ Discuss single life, partnerships, separation and divorce
♦ Discuss the pros and cons of marriage
♦ Talk about how partnerships are changing

Grammar

By the end of this unit students will be able to:
♦ Use the subjunctive to express emotion
♦ Choose between the subjunctive and the indicative

Skills

By the end of this unit students will be able to:
♦ Talk about statistics
♦ Structure an argument
♦ Check their own work for accuracy
♦ Offer relevant information which addresses the requirements of the task

page 127

1a Students make two lists from the words given in the box, deciding which of the words in the box refer to living with someone and which to living alone.

Answers:
Vie à deux: famille, mariage, partenaire, PACS, couple, cohabitation
Vie seul: divorce, indépendance, veuve, séparation

1b Students add as many words to each list as they can and compare their ideas with a partner.

2a Students read six proverbs and quotations about love and decide which they like.

2b Students complete three phrases about love, falling in love and living together in their own words.

L'indépendance ou la vie en couple?

pages 128–129

Planner

Grammar focus
♦ Use of the subjunctive to express emotion

Skills focus
♦ Talking about statistics

Key language
♦ *le divorce, un(e) partenaire, la séparation, une tendance, la vie en couple*
♦ *la société occidentale, le syndrome du nid vide, à l'autre bout du pays, durable, sur le plan financier*
♦ *divorcer, faire confiance à quelqu'un, partager, rendre visite à, rester ensemble, s'aider, s'habituer à, se séparer*

Resources
♦ Student Book pages 128–129
♦ CD 2 track 25
♦ *Feuilles de travail* 12.2, 12.4 and 12.5
♦ Grammar Workbook page 63

---

1 Students work with a partner to discuss their own ideas about the advantages of living alone or as a couple. Some key ideas are given to start the discussion.

2 Students study a table of statistics showing people's responses to the question *Est-ce qu'il est important pour vous d'avoir un(e) partenaire dans la vie?* They interpret the data in order to fill the gaps in sentences a–h.

Answers:
a *45*
b *14*
c *trouve très important d'avoir un(e) partenaire*
d *est bien, mais pas indispensable*
e *40, 59*
f *tiers*
g *4*
h *avoir un(e) partenaire dans la vie*

Compétences

Talking about statistics

This skills section gives advice on dealing with statistics, including:

♦ understanding what the figures refer to, e.g. percentages, numbers in millions, etc;
♦ knowing the numbers in French, including years, large numbers and decimals (written as a comma in French);
♦ using phrases such as 'half' or 'one in ten' as well as stating percentages.
♦ making comparisons, using phrases like *plus/moins/autant de.*

A Students look at the completed sentences in activity 2 and work out the French for phrases 1–7.

Answers:
1 *environ un tiers*
2 *la plupart des gens*
3 *un quart de ceux-ci*
4 *presque la moitié*
5 *trois personnes sur dix*
6 *40 % des 20–30 ans*
7 *deux tiers des personnes qui ont plus de 60 ans.*

F 12.5 Further activities based around the statistics in the survey results on page 128 are provided on *Feuille de travail* 12.5.

3 Students read the short article about separation and divorce, then reply to questions in English.

Answers:
a *living alone*
b *modern society is more and more centred on the individual*
c *separation and divorce*
d *a young couple separating after a few years of marriage ; parents who no longer want to stay together and decide who will have custody of the children; older couples who see no reason to stay together once their children have left home (empty nest syndrome)*
e *whether society, as it less united as a result of all this, is also less happy*

Suggested follow up activities
– Students discuss in groups the question *Croyez-vous que la séparation et le divorce rendent la société moins heureuse?,* and then vote as a class for or against it.
– Students write their own opinion, giving supporting arguments.

4a Students read four short texts where people of different ages talk about the advantages and disadvantages of living alone. They choose a verb in the subjunctive from those offered to fill gaps a–g in the texts.

Answers:
a *mange*
b *connaisse*
c *soit/vive*
d *vive/soit*
e *fasse*
f *m'habitue*
g *devienne*

 4b Students listen to the recording to check their answers to activity 4a.

Answers:
See transcript.

CD 2 track 25   **p. 129, activité 4b**

Noëlla
Je viens de commencer ma première année en fac et je dois dire que cela me fait énormément plaisir d'avoir un petit studio pour moi dans la banlieue de Paris. Je peux tout avoir comme je veux – les meubles, le décor, etc. – il ne faut pas que je mange quand je n'ai pas faim, j'invite des amis seulement quand l'envie me prend et je décide quand et avec qui sortir. Vraiment, l'indépendance, c'est dingue! Mais il est aussi essentiel que je connaisse des gens qui habitent tout près. On s'aide, on cuisine quelquefois ensemble, on sait qu'on n'est pas tout seul.

Martin
Après la fac j'ai eu la chance d'être embauché là où j'ai toujours voulu travailler, mais l'inconvénient c'est que je dois vivre tout seul dans une ville où je ne connais personne. J'aimerais bien que ma petite amie vive avec moi, mais elle travaille à l'autre bout du pays, donc pour le moment ce n'est pas possible. C'est bien dommage qu'on ne soit pas ensemble, mais nous débutons tous les deux nos carrières et pour le moment, cela doit rester notre priorité.

Madame Thierry
Je ne vis pas seule par choix, mais étant veuve et ayant des enfants adultes qui ont leurs propres enfants à élever, c'est comme ça. Ça fait seulement six mois que je suis seule et j'apprends déjà beaucoup de choses. Par exemple, il est nécessaire que je fasse confiance aux autres, même parfois aux gens que je ne connais pas, mais dont l'aide m'est indispensable. Je dois prendre plus de décisions qu'autrefois et je dois m'informer sur le plan financier – c'était toujours le domaine de mon mari. Mais qui sait? Il est possible qu'un jour je m'habitue à ma nouvelle situation.

> **Philippe**
> J'habitais pendant mes études avec deux copains, mais ils sont tous les deux partis – un pour vivre en couple et un parce qu'il travaille à l'étranger pendant quelques mois. Si je préfère vivre seul? Alors, il y a des avantages, mais ça coûte plus cher et mes parents ont peur que je devienne, comment dirais-je... trop original! Si je veux manger des pâtes pour le petit déjeuner ou passer le weekend entier en pyjama, je peux le faire. J'espère que je ne vivrai pas toujours seul et qu'un jour j'aurai une partenaire avec qui je peux tout partager.

5 Students use the *Expressions-clés*, which need to be followed by the subjunctive, to give advice to Madame Thierry and Philippe.

6 Students write 150–200 words giving their personal opinions about the advantages and disadvantages of living alone or with a partner.

F 12.2 Additional speaking activities on this theme are provided on *Feuille de travail 12.2*.

Grammaire

Use of the subjunctive to express emotion

A Students match phrases 1–9 to the feelings (a–f) they express.

Answers:

1 *a*	2 *f*	3 *d*	4 *b*	5 *e*
6 *e*	7 *b*	8 *b*	9 *c*	

B Students translate the underlined sections in the four texts on page 129 into English.

Possible answers:
a *I don't have to eat when I'm not hungry*
b *But it's also essential that I get to know people who live nearby.*
c *I'd really like my girl-friend to live with me...*
d *It's a real shame that we're not together...*
e *I have to trust other people...*
f *One day I might get used to my new situation.*
g *my parents are worried that I might become... how shall I put it... too eccentric!*

C Students translate four sentences into French using the subjunctive form of the verbs given.

Answers:
1 *C'est dommage que tu vives seul.*
2 *Je ne veux pas qu'il me rende visite.*
3 *Est-il nécessaire que tu sois toujours si occupé?*
4 *Il est possible que nous ne venions pas.*

F 12.4 Additional practice using the subjunctive is provided on *Feuille de travail 12.4*.

Pour ou contre le mariage?

pages 130–131

> **Planner**
>
> *Skills focus*
> ♦ Structuring an argument for a debate
>
> *Key language*
> ♦ *une base solide, la cérémonie, un défaut, la fête, un morceau de papier*
> ♦ *ça ne vaut pas la peine, devant Dieu*
> ♦ *capricieux/capricieuse, coléreux/coléreuse, doux/douce, extraverti, têtu, travailleur/travailleuse*
> ♦ *dépenser une grande somme pour, être croyant, être marié, faire (tenir) des promesses, résoudre ses problèmes, rester célibataire, s'aimer, vivre en concubinage*
>
> *Resources*
> ♦ Student Book pages 130–131
> ♦ CD 2 track 26
> ♦ *Feuille de travail 12.3*

1a Students answer four survey questions on marriage and the qualities they would look for in a partner.

1b In pairs, students compare their answers to the survey questions.

2 Students read seven statements on marriage and decide whether they agree with them, then compare their answers in a group.

3a Students read four short texts on marriage/living together and decide which writers are in favour of marriage.

Answers:
Pour: Stéfane
Contre: Martin, Eloïse, Isabelle

3b Students reread the texts together with statements a–f. They decide which writer's thoughts are summarised by each statement.

Answers:
Martin: c, d
Eloïse: a, f
Stéfane: e
Isabelle: b

F 12.3 Additional reading practice based on the theme of marriage is provided on *Feuille de travail* 12.3.

4 Students listen to two people talking about marriage and living together. They take notes, then summarise each person's argument and compare with a partner.

CD 2 track 26   **p. 131, activité 4**

Christophe

Je m'appelle Christophe et je suis marié depuis seulement deux ans. J'ai 27 ans et ma femme, Sylvie, a 29 ans. Pour nous deux, le mariage était quelque chose d'extrêmement important. Nos deux familles sont très catholiques et la cérémonie à l'église était un moment très émouvant pour tout le monde.

De plus, il y a tellement de couples qui se séparent aujourd'hui que je pense que le mariage est un bon moyen de rendre les choses plus durables. C'est très facile de changer de partenaire quand on vit seulement en concubinage et je pense que ces couples font moins d'efforts et de compromis que les couples mariés.

Sans compter bien sûr le problème des enfants. Je pense qu'il est très égoïste d'avoir des enfants sans être mariés. Ils n'ont pas de nom de famille fixe et en plus, cela peut créer de nombreux problèmes légaux si le couple se sépare.

Enfin, j'aime l'idée d'être le mari de Sylvie et pas seulement son petit ami ou son concubin. Ça fait tout de suite plus sérieux. Je crois vraiment que le mariage, c'est la plus belle épreuve d'amour qu'on peut donner à quelqu'un.

Claire

Je m'appelle Claire, j'ai 32 ans, et je vis avec Antoine depuis plus de huit ans. Nous nous sommes rencontrés à la fac alors que j'étudiais la géographie et qu'il passait son DEA d'histoire. Nous ne voulons pas nous marier pour plusieurs raisons.

Tout d'abord, nous ne sommes pas religieux et du coup, un mariage à l'église serait vraiment exclu!

De plus, quand on aime quelqu'un, un morceau de papier n'est pas vraiment important! L'important, c'est de montrer son amour et sa fidélité au jour le jour.

J'ai des amis qui ont vécu pendant longtemps en concubinage et qui se sont finalement mariés quand ils ont décidé d'avoir des enfants. Ils disent que c'est plus facile pour les documents officiels et que c'est un environnement plus stable pour leurs enfants. Moi, je crois personnellement que ce n'est pas une raison valable.

Je connais beaucoup de couples mariés qui se disputent et le taux de divorce est tellement élevé en France qu'être marié aujourd'hui ne garantit vraiment pas une vie ensemble pour toujours!

---

5 Students write three paragraphs in answer to the question *Etes-vous pour ou contre le mariage?* They give arguments for/against and a personal opinion.

6 In groups, students debate the motion *Nous sommes pour le mariage*.

Compétences

Structuring an argument

This section provides tips and step-by-step guidelines on how to structure an argument for a debate.

A Students reread the texts in activity 3 and note the arguments for and against marriage.

B Students add their own arguments to the list.

C They then prepare three points either in favour of or against marriage, using the *Expressions-clés* to help them structure their sentences.

D Students think of counter-arguments for three given arguments on the theme of marriage using the *Expressions-clés* to help them.

La vie à deux

pages 132–133

Planner

Grammar focus

♦ Subjunctive or indicative?

Key language

♦ *l'égalité, la paperasserie, le foyer, la dispute, les tâches domestiques, les générations précédentes*
♦ *déséquilibré, (pas) forcément, à tour de rôle, ce qui compte, ce qui nous convient, chacun à son gout, en fin de compte, j'ai mes doutes, vu les circonstances*
♦ *s'adapter, balayer, épouser, nettoyer, s'occuper de, vivre en PACS*

Resources

♦ Student Book pages 132–133
♦ CD 2 track 27
♦ *Feuilles de travail* 12.1 and 12.4, CD 3 track 21
♦ Grammar Workbook page 82

---

1 Students read the four texts on page 132 about how four different couples share household tasks. They read the statements a–f and match them to the texts.

Answers:

a *Ariane*

b *Charlie*

c *Louise*

d *Charlie*

e *Vincent*

f *Louise*

 2a Students listen to four people speaking about their relationships and match each speaker to their partner from the texts.

Answers:

a *Vincent*

b *Louise*

c *Ariane*

d *Charlie*

CD 2 track 27   **p. 133, activités 2a et 2b**

1

Si le couple a évolué avec le temps? Là, j'ai mes doutes. Du moins moi, avec mon petit ami, je n'aimais pas du tout ce qu'il attendait de moi. Il voulait constamment que je fasse tout à la maison et ne voulait pas comprendre que je devais passer des heures à chercher un emploi. Il est très facile pour un homme de dire que la femme peut s'occuper de toutes les tâches domestiques, mais quelle femme va accepter cela de nos jours? Ah non, merci. Je cherche ailleurs pour trouver un partenaire!

2

Je crois que nous vivons assez paisiblement ensemble. Au début il y avait des disputes sur le ménage et la cuisine et tout ça, mais on a su faire des compromis. J'ai dû accepter certaines choses. Par exemple, il faut que je fasse un peu de cuisine si j'arrive en premier le soir. J'ai dû accepter que l'un ni l'autre ne veut vraiment s'en occuper quand on est fatigué. Par contre, nous aimons tous les deux aller au supermarché, choisir ensemble ce qu'on va manger et bavarder un peu en même temps.

3

Oui, tout est possible aujourd'hui en ce qui concerne la vie du couple, mais je ne crois pas qu'on soit donc obligés de vivre de façon différente des générations précédentes. Si nous, on voulait un mode de vie très moderne, et que moi je préférais rester au foyer pendant que ma femme allait travailler, nous le ferions. Mais notre choix personnel c'est le contraire – et pourquoi pas? On a la liberté de choisir ce qui nous convient, et c'est cela qui compte.

4

On a tous les deux des choses qu'on aime faire, donc ça va plus ou moins. Je m'occupe de certaines choses et mon partenaire en fait d'autres. Voilà pourquoi on est ensemble depuis un certain

---

temps. On rencontre quelquefois des gens qui s'opposent aux couples homosexuels, mais je crois que la société apprend avec le temps à s'adapter. Notre rapport entre nous ne concerne pas les autres, et je ne crois pas que la plupart des gens qui nous connaissent aient une attitude négative envers nous.

 2b Students listen again and complete sentences in their own words.

Possible answers:

1 *Je ne voulais pas accepter que **je fasse tout à la maison**. Donc j'ai décidé de **chercher un partenaire ailleurs**.*

2 *Nous, on a su **faire des compromis**.*

3 *Dans notre couple, c'est moi qui **vais travailler** et ma femme qui **reste au foyer***

4 *La plupart de nos amis **ont une attitude positive envers nous** bien que nous ne soyons pas un couple 'typique'.*

Compétences

Checking for accuracy

This skills section gives advice on checking for accuracy in written work. Students use a checklist to help them find any mistakes in the paragraph written in activity 3.

The checklist includes :

1 checking verbs for agreement with subject, tense and mood;

2 checking adjectives for agreement, irregular forms and position;

3 checking the gender of nouns;

4 checking for missing accents;

5 checking for spelling, particularly words that are similar but not identical to English;

6 checking that their language is idiomatic and has not been translated too literally from the English.

---

3 Students write three paragraphs about living as a couple. They are asked to talk about how a traditional couple lives, how life as a couple has (or hasn't) changed in recent times, and to give their own opinions on what would be an ideal way of living for a couple.

F 12.1 Additional listening practice based on a recording about the increase in popularity of PACS as an alternative to marriage is provided on *Feuille de travail* 12.1.

Grammaire

Subjunctive or indicative?

This section explains that the mood of a verb – indicative, imperative, conditional or subjunctive – shows the speaker's attitude to what s/he is saying. The indicative is used when the speaker is sure of what s/he is saying, and the subjunctive where there is some doubt.

A Students find the French for three sentences in the texts on page 132.

Answers:
1 *Je ne considère pas du tout que cela soit mon domaine (réservé).*
2 *Je ne crois pas qu'on puisse dire ça!*
3 *Je ne trouve pas que ce soit (forcément) le rôle de la femme...*

B Students decide whether sentences need to be completed with the indicative or the subjunctive form of the verb in brackets and fill the gaps accordingly.

Answers:
1 *indicative – peut*
2 *indicative – vivons*
3 *subjunctive – fasse*
4 *indicative – veut*
5 *subjunctive – soit*
6 *indicative – apprend*
7 *subjunctive – aient*

F 12.4 Additional practice in using the subjunctive is provided on *Feuille de travail* 12.4.

Grammaire active

page 134

> **Planner**
>
> *Grammar focus*
> ♦ The subjunctive
>
> *Resources*
> ♦ Student Book page 134
> ♦ *Feuille de travail* 12.4

The subjunctive

This section focuses on the different uses of the subjunctive, e.g. to express an opinion, doubt or emotion using certain verbs or impersonal phrases,

or following certain conjunctions. Students are referred to the verb tables for a reminder of some common irregular subjunctives.

1 Students find all the subjunctives in the text. They explain each use of the subjunctive by referring to the 'ABC'.

Answers:
*Mon père me met une pression incroyable! Il veut **que je sois** (B) le meilleur partout. Il insiste **pour que je prenne** (C) des cours de maths supplémentaires **afin que j'améliore** (C) ma moyenne. En même temps, il n'arrête pas de dire qu'il doute **que je sois** (A) capable de réussir au bac. Il a peur **que je sois** (B) le seul de la famille à le rater. Pour lui, ça serait la honte! Ma mère aussi souhaite **que je réussisse** (B) mais ce n'est pas une obsession comme chez mon père! Il refuse **que je fasse** (B) du foot le samedi après-midi **à moins que je ne passe** (C) le reste du week-end à faire des révisions. Il me prend la tête!*

2 Students choose the correct verb form (subjunctive or indicative) to complete each sentence.

Answers:
a *suis*
b *aie*
c *soit*
d *peut*
e *ont*
f *fasse*
g *doive*
h *est*

3 Students translate sentences from English to French, using the subjunctive.

Answers:
a *Je me marierai pourvu que mon/ma partenaire le veuille.*
b *Il faut que vous discutiez/tu discutes des choses pour aboutir à un compromis.*
c *Je suis très content(e) que mon/ma partenaire soit indépendant(e).*
d *Vous ne croyez pas /Tu ne penses pas qu'il ait assez d'expérience pour décider?*
e *Mes parents ne veulent pas que je vive seul(e).*
f *Il ne faut pas que vous soyez/tu sois déçu(e) si cela ne marche pas.*

4 Students write a paragraph about marriage and life as a couple, using at least three subjunctives. Encourage them to use the language and structures on this spread.

F 12.4 Additional practice in using the subjunctive is provided on *Feuille de travail* 12.4.

Extra

page 136

Planner

Skills focus

♦ Offering relevant information which addresses the requirements of the task

Resources

♦ Student Book page 136

This page is aimed at A–A* students.

1 Students carry out research on the Internet into the young writer Faïza Guène, who wrote her first novel, *Kiffe kiffe demain*, at the age of nineteen.

2 Students read an extract from *Kiffe kiffe demain*, where Doria is talking about the marriage of Lila and her ex-husband. They answer questions about the family and the relationship.

a *La famille de Lila était d'origine algérienne et musulmane (ne mange pas de porc); la famille de son ex-mari était bretonne (depuis dix-huit générations) et donc catholique. On a l'impression que la famille de Lila prend la religion plus au sérieux ('soucieuse de préserver les coutumes et la religion') que la famille de son ex-mari ('Ça le faisait mourir de rire, ces blagues bien lourdes sur la religion.')*

b *les différences de coutumes, de religion*

c *'ils ont du mal avec le bronzage' pour parler de la couleur de sa peau; le repas le jour du mariage (préparé comme par hasard avec beaucoup de porc); les 'blagues bien lourdes sur la religion'*

3 Students write a response to the question *Qu'est-ce que ce texte nous apprend sur les mariages mixtes?* They are asked to give their own opinions of the ideas expressed in the text.

Compétences

Offering relevant information which addresses the requirements of the task

This section provides suggestions on organising and structuring a written response, using activity 3 as a model.

Students are reminded that the question is in two parts, and they must answer both parts.

A three-step preparation is outlined to help students structure their answer coherently and logically:

♦ They need to be clear about the attitude of each family, using the answer to activity 2 to help.
♦ They need to decide what they think of the two attitudes. (Several questions are put forward to help students think about this.)
♦ A four-paragraph structure is suggested for them to follow to ensure relevant points are covered and developed in their answer.

Unit 12 Assessment offers exam practice for this unit.

Exam practice

Introduction

Each of the four Exam Practice sections is designed to be used after the students have worked through three units of material, which is the equivalent of one Topic of the AQA AS specification. If you require interim practice, you will find unit-by-unit material available on the accompanying Assessment copymasters.

The mark scheme given below will help you and your students to obtain a good idea of how they are progressing in terms of AS level grading, but it is important to bear in mind that the marks to grades boundaries are not constant. In fact they are decided individually by AQA for every single examination. This, and the fact that each Exam Practice section can only give results based on one quarter of the AQA AS specification, means that in order to obtain more accurate grade predictions we recommend that your students also work through past papers and that you use the official mark schemes to obtain their predicted grades. These can be found online at: http://web.aqa.org.uk/qual/gce/languages.php.

Assessment mark scheme for AQA Unit 1

The AQA Unit 1 examination consists of listening, reading, a Cloze test and an essay. Each Exam practice section has the following totals for Unit 1 tasks:

Listening   15
Multiply this by 2 to obtain marks out of 30, as in AQA Unit 1 examination.

Reading   18
Multiply this by 2 to obtain a mark out of 36 then make an adjustment by subtracting one mark to give a total of 35 marks, as in the AQA Unit 1 examination.

Cloze test   5
Multiply this by 2 to obtain marks out of 10, as in the AQA Unit 1 examination.

Essay
For marking the essay, use the official AQA writing mark scheme, as explained in section 3.1 of the AQA A level specification, to obtain the following marks: 35 marks divided up in the following way:
♦ 20 for content
♦ 5 for vocabulary
♦ 5 for structures
♦ 5 for accuracy

Note that there is no need to multiply the essay mark by 2.

Total for Unit 1 30 + 35 + 10 + 35 = 110 marks

The marks-to-grades boundaries given below are averages taken from the four AQA Unit 1 examinations from the current specification that were available at the time of going to press. Please note that, as explained above, they are only an indication of progress towards a final grade.

Unit 1 AS grade boundaries	
A	88–110
B	80–87
C	72–79
D	65–71
E	57–64

Assessment mark scheme for Unit 2

The AQA Unit 2 consists of an oral examination. For marking this, use the official AQA speaking mark scheme as explained in section 3.2 of the AQA A level specification to obtain the following marks:

Oral
50 marks divided up in the following way:
♦ Discussion of stimulus   10
  (5 for response to stimulus + 5 for ensuing discussion)
♦ Conversation   25
  (10 for fluency + 10 for interaction + 5 for pronunciation)
♦ Both parts   15
  (grammar)

Total for Unit 2   50 marks

Unit 2 AS grade boundaries	
A	43–50
B	38–42
C	33–37
D	29–32
E	25–28

page 137

This page summarises the Exam Practice section for students. It explains how the topics are covered and emphasises that the activities they will have to complete are the same as those they will encounter in the AS exam.

Information boxes include how the tests compare with the exam; what the test marks mean; tips on how to revise; and guidance on tackling past papers once they have completed the course and the exam practice sections.

1 Media

Reading

pages 138–139

Planner

Resources

♦ Student Book pages 138–139

---

1 Students read six short texts about people and their mobile phones. They consider whether each person thinks their mobile phone is indispensible, and answer *Oui, Non* or *PS (pas sûr)*. (5 marks)

This question links with AQA Sub-topic 3 Communication Technology, Bullet 1, Popularity of mobile phones etc.

Answers:
1 *Oui*   **2** *PS*   **3** *Non*   **4** *PS*   **5** *Oui*   **6** *PS*

2 Students read an article by a psychologist on the subject of televisions in children's bedrooms. They answer questions in French. (6 marks)

This question links with AQA Sub-topic 1 Television, Bullet 1, TV viewing habits and Bullet 4, Benefits and dangers of watching TV.

Answers:
a *les enfants qui ont une télé dans leur chambre la regardent plus que les autres enfants* (1)

b *répondre aux questions des enfants* (1)*; les rassurer s'ils sont effrayés* (1)

c *ils (ont tendance à se coucher plus tard, donc ils) dorment moins* (1)

d *ils respirent moins d'air frais* (1)*; ils bougent moins* (1)

3 Students read an article about an interactive course to learn how to 'blog'. They study a list of statements and work out whether each detail is true (*V*), false (*F*) or the information is not given in the text (*ND*). (6 marks)

This question links with AQA Sub-topic 3 Communication Technology, Bullet 3, Internet – its current and potential usage.

Answers:
a *F*   **b** *V*   **c** *V*   **d** *ND*   **e** *F*   **f** *F*

4 Students complete a cloze activity, filling the gaps with the appropriate form of the words given in brackets. These grammar cloze questions focus on grammar points covered in Unit 1 of the Student Book, i.e. adjectival agreement and infinitive constructions. (5 marks)

Answers:
a *Je ne vois presque pas d'émissions* **culturelles***.* (1)

b *Sa sœur est très* **inactive** *et passe tout son temps devant la télé.* (1)

c *Je ne trouve rien de plus* **agaçant** *que les pubs pour le savon et le shampooing.* (1)

d *Et vous? Quels sont* **vos** *présentateurs préférés?* (1)

e *Qu'est-ce que tu préfèrerais* **lire** *– un roman ou un blog?* (1)

Listening

page 140

Planner

Resources

♦ Student Book page 140
♦ CD 2 tracks 28–29

---

5 Students listen to an interview where four people respond to Cécile's concerns about allowing her daughter to have a television in her bedroom. Students allocate to each speaker two statements taken from the box. (8 marks)

This question links with AQA Sub-topic 1 Television, Bullet 1, TV viewing habits and Bullet 4, Benefits and dangers of watching TV.

Answers:

1 *d, f*

2 *a, h*

3 *b, e*

4 *c, g*

CD 2 track 28   **p. 140, activité 5**

– Bonjour, Cécile.
– Bonjour, Antoine. Mon problème, c'est que ma fille qui a 16 ans voudrait une télé dans sa chambre. Est-ce raisonnable? J'ai peur qu'elle néglige ses devoirs.
– Chers auditeurs, chères auditrices, à vous maintenant. Appelez-nous pour nous donner votre point de vue.

Numéro 1:

– Allo, Cécile. Je ne peux pas vous dire si cela est raisonnable, je ne connais pas votre fille. Mais à l'âge de 16 ans, elle doit apprendre à fixer ses limites. Faites-lui confiance, achetez une télé pour sa chambre, mais expliquez que ses libertés dépendent de ses résultats scolaires. 'Pas de résultats, au revoir la télé' est une bonne motivation!

Numéro 2:

– Allo, Cécile. A mon avis, l'important, c'est le travail scolaire. Il y a beaucoup de distractions qui peuvent détourner les adolescents de leurs études… comme les amis, les sorties ou la PlayStation tout simplement. Une télévision dans la chambre, c'est une distraction de trop. Dites-lui que c'est pour son bien et que rien n'est plus important que de solides études pour une fille!

Numéro 3:

– Bonjour, Cécile. Mon fils a une télé dans sa chambre depuis six mois et il a toujours de bonnes notes au collège. Le problème, c'est que cela a complètement bouleversé notre vie de famille. A 20h30, il monte dans sa chambre 'pour être tranquille' et il ne regarde jamais la télé en famille. Et le comble, c'est que parfois on regarde la même émission!

Numéro 4:

– Allo, Cécile. Les devoirs sont importants, mais votre fille a besoin de distractions aussi. Je comprends les adultes qui parlent de 'Travail d'abord, amusement ensuite…', et je suis en partie d'accord! Mais il faut aussi savoir concilier les deux, le travail et les distractions. On n'a qu'une seule vie et les ados doivent vivre autre chose que les études à cet âge-là!

Answers:

a *you can compare products/get a good price* (1); *you can find out more about products/about the range on offer* (1)

b *they are always too loud/it feels as if everyone is shouting* (1)

c *young people* (1) – *they are always shown as too worried about their look* (1)
old people (1) – *they are condescendingly depicted as people who are out of touch with today's world/who need advice on how to live their lives.* (1)

CD 2 track 29   **p. 140, activité 6**

J'aime bien voir les pubs quand le produit m'intéresse et que j'ai vraiment l'intention d'acheter quelque chose. Je trouve qu'on peut comparer un peu ce qu'il y a sur le marché et voir s'il y a quelque part un prix intéressant. Cela stimule la concurrence et veut dire que nous les consommateurs, nous avons la possibilité de trouver ce que nous voulons sans trop dépenser. Puis aussi, on voit la gamme des choix, tous les différents produits, même des choses toutes nouvelles. On peut donc s'informer en regardant la publicité et c'est plus facile de décider ce qu'on veut acheter. Mais je reconnais aussi que les pubs peuvent vraiment énerver. Tout est toujours très fort – les voix, la musique et tout – et on a l'impression que tout le monde crie. Je n'aime pas toujours l'attitude envers les jeunes. On montre toujours des jeunes trop à la mode et trop concernés par leur look, ce qui n'est pas représentatif des jeunes normaux que je connais! Il y a souvent aussi un ton condescendant envers les personnes âgées. On les dépeint comme des personnes qui ne comprennent pas le monde d'aujourd'hui et qui ont besoin de conseils pour vivre leur vie. A leur place, ça m'agacerait sérieusement!

---

 6 Students listen to a recording about advertising and provide the information required in English. (7 marks)

This question links with AQA Sub-topic 2 Advertising, Bullet 4, Benefits and drawbacks of advertising.

Writing

page 140

> **Planner**
>
> *Resources*
> ♦ Student Book page 140

7 Students choose one of the three questions offered and write a minimum of 200 words. They are reminded to use the list of ten tips in English to help them plan and check their work.

a Students respond to the question *Y a-t-il selon vous des aspects positifs concernant la publicité?* You may wish to give them the following words to get them started: *la créativité, l'humour, l'information, le sponsoring, les campagnes gouvernementales, son rôle dans les organisations caritatives.*

b Students read a stimulus where someone talks about losing their mobile phone and describe their reation to it.

c Students describe two television programmes, one that they like and one that they don't like. They explain their reaction to each of them and analyse the differences between them.

Oral

page 141

> **Planner**
>
> *Resources*
> ♦ Student Book page 141
> ♦ Mark scheme from AQA specification

8 Students read a table of statistics comparing the use of the Internet by boys and girls. They prepare to discuss five points: what the statistics are about; where the biggest difference between boys and girls lies; whether they find any of the statistics surprising; whether they shop on-line and why/why not; whether they think it is necessary to know how to use the Internet to succeed in life today and why.

Discussing the printed questions should take about half of the five minutes allotted. A further two and a half minutes should be spent on follow-up questions relating to the sub-topic of communication technology. Suggestions are given below, but it is important to react to what students say and pursue the conversation naturally, rather than simply ask pre-prepared questions one after another.

Possible follow-up questions:
- *Que faites-vous sur Internet?*
- *Aimez-vous travailler à l'ordinateur pendant les cours?*
- *Etes-vous pour ou contre le téléchargement gratuit de musique?*
- *Quel rôle joue le chat dans la vie des ados?*
- *Suivez-vous des blogs ou des tweets?*
- *Vous est-il important d'avoir un i-pod?*
- *Trouvez-vous qu'un téléphone portable soit indispensable? Pourquoi/pourquoi pas?*

9 Students choose between two AQA sub-topics – Television and Advertising – and prepare to discuss a series of questions on their chosen theme.

Note that a list of discussion questions on the third AQA sub-topic, Communication technology, can be found on a Unit 3 Assessment copymaster.

Unit Assessments 1–3 offer additional assessment on the topic of media.

2 Popular culture

Reading

pages 142–143

Planner

Resources
- Student Book pages 142–143

---

1 Students read an article about the films that teenagers watch and complete six sentences with words chosen from those in the box at the foot of the page. Note that there are four more words in the box than are needed. (6 marks)

This question links with AQA Sub-topic 1 Cinema, Bullet 1, Types of film and changing trends.

Answers:

a *Les films visés aux plus jeunes ados sont souvent peu* **recommandables.** (1)

b *Le classement des films sur vidéo est souvent moins* **strict** *qu'au cinéma.* (1)

c *En ce qui concerne les scènes terrifiantes, Joanne Cantor constate que les ados sont moins* **sensibles** *que les enfants plus jeunes.* (1)

d *C'est surtout* **dangereux** *si on présente la surconsommation d'alcool comme cool.* (1)

e *Les jeunes filles risquent d'être* **séduites** *par les images de beauté peu réalistes.* (1)

f *En cas de comportement violent, les parents peuvent consulter du* **soutien** *psychologique.* (1)

2 Students read an interview with Mickey Madden then choose two words from those suggested to describe Mickey Madden's opinion of the concert with the Rolling Stones, the music on the new album, and two members of the team. (6 marks)

This question links with AQA Sub-topic 2 Music, Bullet 1, Types of music and changing trends.

Answers:

a *effrayant* (1); *inoubliable* (1)

b *animée* (1); *dynamique* (1)

c *professionnels* (1); *enthousiastes* (1)

3 Students read an article about Laura and the different warm coats she has worn and those she has dreamed of over the years. They study a list of statements and work out whether each detail is true (*V*), false (*F*) or the information is not given in the text (*ND*). (6 marks)

This question links with AQA Sub-topic 3 Fashion/Trends, Bullet 1, How we can alter our image.

Answers:
a *F*   b *F*   c *V*   d *V*   e *ND*   f *V*

4 Students complete a cloze activity, filling the gaps with the appropriate form of the verbs given in brackets. (5 marks)

These grammar cloze questions focus on grammar points covered in Units 4–6 of the Student Book, i.e. perfect, imperfect and pluperfect tenses and present participles.

Answers:

a *On* **est allé** *voir un nouveau groupe samedi dernier.* (1)

b *Il y* **avait** *une énorme foule dans la salle de concert.* (1)

c *Sandrine a dû rentrer chez elle parce qu'elle* **avait perdu** *son billet dans le métro.* (1)

d *J'adore les soirées au concert, parce qu'on peut danser tout en* **écoutant** *la musique.* (1)

e *Ce soir-là, nous* **nous sommes** *très bien* **amusé(e)s.** (1)

Listening

page 144

Planner

Resources
- Student Book page 144
- CD 2 tracks 30–31

---

2 Popular culture

 5 Students listen to an interview where seven young people, whose names are given in a box on the page, talk about films at the cinema, on DVD and on-line. Students decide who is referred to in phrases a–g. (7 marks)

This question links with AQA Sub-topic 1 Cinema, Bullet 4, Cinema versus alternative ways of viewing films.

Answers:

a *Audrey*

b *Soraya*

c *Laurent*

d *Farouk*

e *Benjamin*

f *Marianne*

g *Didier*

CD 2 track 30   **p. 144, activité 5**

Farouk
Moi, je connais souvent la moitié d'un nouveau film avant sa sortie! Je visionne des bandes-annonces et de courts extraits sur les sites de cinéma comme Allociné.

Marianne
Tous les films à grand budget ont leur propre site qui déborde d'images, de détails sur les acteurs et sur le tournage et je prends plaisir à voir tout cela bien en avance de la sortie du film. Si cette première étape me plait, je vais voir le film dès que possible.

Audrey
Faut-il profiter du téléchargement gratuit? On peut se connecter sur des sites de partage qui proposent d'échanger ses films contre d'autres. Mais c'est illégal et je sais que quelques internautes qui l'ont fait ont été sanctionnés. Personnellement je ne veux pas prendre le risque.

Benjamin
J'échange souvent des DVD avec mes amis. Comme ça, je peux voir plus de films sans trop dépenser. Je les regarde deux ou trois fois si j'en ai envie. C'est bien, parce que je fais plaisir aux autres en même temps. Ensemble, nous avons une grande collection de films!

Laurent
Le téléchargement gratuit menace l'industrie cinématique. Je comprends que mes comédiens et mes metteurs en scène préférés dépendent de l'argent qu'ils gagnent. Je ne veux pas faire du mal aux artistes que j'admire.

Didier
Ce qui me plait énormément, c'est organiser une soirée-ciné avec mes amis. J'invite plusieurs copains, je prépare un plateau-télé et je propose un film culte tel que Indiana Jones ou un Charlie Chaplin. On s'amuse, on discute du film après et on passe une soirée très agréable.

Soraya
J'adore les films et j'ai envie d'organiser un ciné-club. On pourrait se réunir un soir chez un ami qui est équipé d'un home-vidéo. J'envisage une projection suivie de discussion agrémentée de quelques trucs à grignoter. Quoi de plus agréable?

---

 6 Students listen to Anaïs talking about various groups and their fashion trends. They make notes in English under four headings. (8 marks)

This question links with AQA Sub-topic 3 Fashion/ trends, Bullet 2, Does how we look define who we are?

Answers:

a *wear lots of make-up; wear very short skirts* (2)

b *boys with long hair; big shoes* (2)

c *2 of: wear red or black; wear big jackets; wear platform shoes* (2)

d *hair gel; wear the latest fashions* (2)

CD 2 track 31   **p. 144, activité 6**

Interviewer:
– Il me semble que les jeunes ressentent souvent le besoin d'appartenir à une catégorie. On les reconnait à leurs gouts, leurs habitudes et peut-être surtout à leur look. Tu es d'accord?

Anaïs:
– Oui! Par exemple, je connais des filles que j'appelle les Lolitas. Elles se caractérisent par leur visage très maquillé et des vêtements trop courts pour leur petite sœur qu'elles mettent apparemment sans aucune honte.
– Oui, je connais le type. Il y a souvent une certaine concurrence entre les Lolitas quand elles se croisent. Il y a d'autres groupes?
– Alors, il y a les skateurs, qui aiment évidemment le skate. Souvent, c'est un mec qui a laissé pousser ses cheveux et qui aime aussi sortir avec ses copains, souvent pour boire et fumer. Ils portent toujours de grosses chaussures!
– Et les Gothiques, ce sont qui?
– Ils sont fascinés par la mort et ils aiment seulement le noir ou parfois le rouge, parce que c'est la couleur du sang. Ils sont souvent habillés de grandes vestes et de plateformes.
– J'ai entendu parler des soi-disant *fashions* – qu'est-ce que cela veut dire?
– Ils possèdent trois pots de gel différents pour une seule coupe et ils passent leur temps libre dans les magasins parce qu'ils portent toujours le dernier truc à la mode. Donc on les trouve souvent à Paris, dans la rue de Rivoli ou sur le boulevard Haussmann. Les *fashions* s'habillent pour eux et ne s'intéressent pas à l'opinion des autres.
– Alors, merci bien. Je suis très bien informé maintenant!

Writing

page 144

> **Planner**
>
> *Resources*
> ♦ Student Book page 144

7 Students choose one of the three questions offered and write a minimum of 200 words. They are reminded to use the list of ten tips in English to help them plan and check their work.

a Students write a review of a film that gave them food for thought.

b Students read a stimulus where someone reflects on young people listening to music and respond to the questions *Pourquoi aimez-vous la musique que vous entendez souvent?* and *Quelle est l'importance de la musique pour vous?*

c Students write in answer to the questions *Pourquoi tant de jeunes s'intéressent-ils à la mode?* and *Joue-t-elle un rôle important pour vous?*

You may want to provide students with the following useful expressions to help them get started with question **c**: *avoir son propre style; être comme tout le monde; l'influence de la publicité; que portent les stars?; se sentir bien dans sa peau; une question d'argent; un style individuel; plein de choses plus importantes dans la vie.*

Oral

page 145

> **Planner**
>
> *Resources*
> ♦ Student Book page 145

8 Students read a short text giving some statistics about teenagers' cinema-going habits. They prepare to discuss five points: what the text is about; what shows that young people still like going to the cinema; what has changed in respect of teenagers and films; whether they like going to the cinema, and why/why not; a film from which they feel they have learned something.

Discussing the printed questions should take about half of the five minutes allotted. A further two and a half minutes should be spent on follow-up questions relating to the Sub-topic of Cinema. Suggestions are given below, but it is important to react to what students say and pursue the conversation naturally, rather than simply ask pre-prepared questions one after another.

Possible follow-up questions:
- *Quelles sortes de films aimez-vous?*
- *Avez-vous un acteur préféré/une actrice préférée?*
- *Avez-vous vu des films français? Lesquels?*
- *Y a-t-il un régisseur que vous admirez? Pourquoi?*
- *Préférez-vous allez au cinéma, regarder un DVD ou télécharger un film?*
- *Est-ce qu'il y a trop de violence au cinéma?*
- *Auriez-vous envie de réaliser un film vous-même?*
- *Quels aspects d'un film sont importants pour vous? (Le scénario, les stars, la cinématographie, la musique...?)*

9 Students choose between two AQA Sub-topics – Fashion and Music – and prepare to discuss a series of questions on their chosen theme.

Note that a list of discussion questions on the first AQA Sub-topic, Cinema, can be found on a Unit 4 Assessment copymaster.

Unit Assessments 4–6 offer additional assessment on the topic of popular culture.

3   Healthy living/lifestyle

Reading

pages 146–147

> **Planner**
>
> *Resources*
> ♦ Student Book pages 146–147

1 Students read what Céline, Jean-Marc and Didier think about tourists and decide who is referred to in each statement (a–f). (6 marks)

This question links with AQA Sub-topic 3 Holidays, Bullet 2, The impact of tourism on holiday destinations.

Answers:

a *Didier* (1)

b *Céline* (1)

c *Céline* (1)

d *Jean-Marc* (1)

e *Didier* (1)

f *Jean-Marc* (1)

2 Students read an article entitled *Comment mangent les Français?* They study a list of statements and work out whether each detail appears in the article or not. (6 marks)

This question links with AQA Sub-topic 2 Health and well-being, Bullet 2, Diet.

Answers:

a *non*   **b** *non*   **c** *oui*   **d** *non*   **e** *oui*   **f** *oui*

3 Students read an article entitled *Comment se faire tatouer sans risque?* They complete a series of statements by selecting the correct option from the three offered in each case. (6 marks)

This question links with AQA Sub-topic 2 Health and well-being, Bullet 4, Risks to health.

Answers:

a *qualification* (1)

b *réduire au minimum* (1)

c *inévitables* (1)

d *un équipement* (1)

e *dépend des mesures d'hygiène* (1)

f *est obligé de* (1)

4 Students complete a cloze activity, filling the gaps with the appropriate form of the verbs given in brackets. (5 marks)

These grammar cloze questions focus on grammar points covered in Units 7–9 of the Student Book, i.e. the future and conditional tenses and starting a sentence with an infinitive.

Answers:

a *Dès demain, je* **mangerai** *plus de fruits et de légumes.* (1)

b *A l'avenir, nous n'***aurons** *plus de dessert en semaine.* (1)

c *Si elle comprenait les risques, elle ne* **fumerait** *plus.* (1)

d *Ah oui, elle le* **ferait** *si elle le pouvait!* (1)

e **Prendre** *son temps, c'est très important quand on mange.* (1)

Listening

page 148

> **Planner**
>
> *Resources*
> ♦ Student Book page 148
> ♦ CD 2 tracks 32–33

 5 Students listen to Léopold and Sophia talking about smoking and make notes for each of the headings (a–f). (10 marks)

This question links with AQA Sub-topic 2 Health and well-being, Bullet 1, Alcohol, tobacco, other drugs.

Answers:

Léopold:

a *age 14, in year 9* (1)

b *it made him look adult* (1) *and cool* (1)

c *no, he didn't realise how quickly you could become addicted to smoking* (1)

Sophie:

d *a few months ago* (1)

e *it's cool* (1)*; most of her friends smoke, it's something they do together* (1)*; it helps her concentrate* (1)*; it helps her stay slim* (1)

f *no, it's an integral part of her social scene* (1)

CD 2 track 32	p. 148, activité 5

Léopold

J'ai commencé à fumer à l'âge de 14 ans, alors que j'étais en quatrième. Au début, c'était un peu comme un jeu. Je fumais en cachette dans les toilettes et sur le chemin entre le collège et la maison – mais jamais devant mes parents! Cela me donnait l'impression d'être plus adulte, plus branché... Le problème c'est que c'est vite devenu une habitude et que je n'ai jamais vraiment réalisé à quel point on pouvait devenir si rapidement accro à la cigarette.

Sophia

Je ne fume que depuis quelques mois et je crois que je pourrais encore m'arrêter si je voulais. Je fume parce que c'est un truc cool et parce que la majorité de mes amies fument. C'est un plaisir que je peux partager avec elles quand on est toutes ensemble: au café, dans la rue, devant le collège... Aussi, je crois que fumer m'aide à me concentrer et à garder la ligne. Je sais que c'est une habitude dangereuse mais cela fait vraiment partie de mon univers social.

---

 6 Students listen to a report about Marie-José Perec, a well-known French athlete, and note the missing information (a–e). (5 marks)

This question links with AQA Sub-topic 1 Sport/exercise, Bullet 1, Traditional sports.

Answers:

a *le 9 mai 1968* (1)

b *1,80 m* (1)

c *58 kilos* (1)

d *400 mètres* (1)

e *200 mètres, 400 mètres* (1)

CD 2 track 33	p. 148, activité 6

Une des plus célèbres athlètes françaises, c'était Marie-José Perec. Elle est née le 9 mai 1968 à Basse-Terre en Guadeloupe et elle est très grande et mince (un mètre 80 pour 58 kilos). Elle a été sélectionnée 25 fois en équipe de France et elle est la seule athlète française à avoir été trois fois championne olympique. Elle a gagné la médaille d'or sur 400 mètres aux Jeux de Barcelone de 1992. Puis, en 1996, aux Jeux d'Atlanta, elle a gagné deux médailles d'or, sur 200 mètres et 400 mètres.

Writing

page 148

Planner

Resources

♦ Student Book page 148

---

7 Students choose one of the three questions offered and write a minimum of 200 words. They are reminded to use the list of ten tips in English to help them plan and check their work.

a Students imagine that they have just found out that one of their friends is taking drugs. They write a letter to a young people's magazine giving as much information about the situation as they can and asking specific questions.

b Students read a stimulus reflecting that sport is now considered old-fashioned as there are many more interesting things for young people to do nowadays, and write how they react to this idea.

c Students write in answer to an email from Farouk where he asks advice about going on holiday with his parents.

Oral

page 149

```
Planner

Resources
♦  Student Book page 149
```

8 Students look at a poster about the dangers of
drink-driving. They prepare to discuss five points:
what the poster is about; the two slogans on the
poster; what they think of the sanctions mentioned;
what other risks are associated with drinking too
much; if enough is done to explain the risks of
drink-driving to young people.

Discussing the printed questions should take about
half of the five minutes allotted. A further two
and a half minutes should be spent on follow-up
questions relating to the Sub-topic of Health and
well-being. Suggestions are given below, but it is
important to react to what students say and pursue
the conversation naturally, rather than simply ask
pre-prepared questions one after another.

Possible follow-up questions:
- *Quels sont les risques du tabagisme?*
- *Pourquoi fument les jeunes?*
- *Y a-t-il un problème avec les drogues dans
  votre ville?*
- *Mangez-vous équilibré?*
- *Comment encourager les jeunes à manger bien?*
- *Quelles sont les principales causes du stress chez
  les jeunes?*
- *Comment trouvez un équilibre entre le travail et
  la détente?*

9 Students choose between two AQA Sub-topics –
Sport and Holidays – and prepare to discuss a series
of questions on their chosen theme.

Note that a list of discussion questions on the second
AQA Sub-topic, Health and well-being, can be
found on a Unit 8 Assessment copymaster.

Unit Assessments 7–9 offer additional assessment on
the topic of healthy living/lifestyle.

4 Family/relationships

Reading

pages 150–151

> **Planner**
>
> *Resources*
> ♦ Student Book pages 150–151

1 Students read Pierre, Amanda and Benjamin's thoughts about their relationships with their friends and decide who is referred to in each statement (a–f). (6 marks)

This question links with AQA Sub-topic 2 Friendships, Bullet 2, Conflicts with friends and Bullet 3, Importance of friends.

Answers:

a *Amanda* (1)

b *Benjamin* (1)

c *Benjamin* (1)

d *Amanda* (1)

e *Pierre* (1)

f *Pierre* (1)

2 Students read an article entitled *La vie du couple: comment éviter les disputes.* They study a list of statements and work out whether each detail is true (*V*), false (*F*) or the information is not given in the text (*ND*). (6 marks)

This question links with AQA Sub-topic 3 Marriage/partnerships, Bullet 2, Separation and divorce.

Answers:
a *V*   **b** *F*   **c** *F*   **d** *ND*   **e** *V*   **f** *F*

3 Students read an article entitled *Les grands-parents sont-ils indispensables?* They answer questions a–e in French. (6 marks)

This question links with AQA Sub-topic 1 Relationships within the family, Bullet 2, Attitudes of young people towards other family members.

Answers:
a *les conflits familiaux* (1)

b *ils représentent un point d'ancrage pour les petits-enfants dans les familles éclatées* (1)

c *ils emmènent leurs petits-enfants en vacances sans les parents* (1)

d *on réunit des enfants sans grands-parents et des grands-parents qui n'ont pas de petits-enfants ou ne les voient plus* (1)

e *si les petits-enfants ne voient plus les grands-parents biologiques parce qu'ils sont (any two) décédés, éloignés ou fâchés* (2)

4 Students complete a cloze activity, filling the gaps with the appropriate form of the verbs given in brackets. (5 marks)

These cloze questions focus on grammar points covered throughout the Student Book, i.e. various tenses, irregular verbs and the subjunctive.

Answers:

a *Comment **améliorer** la vie de famille moderne, quand il y a tant de difficultés?* (1)

b *Le sociologue vient d'**expliquer** que la vie familiale est pleine de tension aujourd'hui.* (1)

c *Après avoir **lu** quelques statistiques, il en a expliqué les causes.* (1)

d *Il faut qu'on **ait** confiance dans les jeunes parents de notre époque.* (1)

e *Si on s'inquiétait de tout, on n'**oserait** jamais avoir des enfants!* (1)

Listening

page 152

> **Planner**
>
> *Resources*
> ♦ Student Book page 152
> ♦ CD 2 tracks 34–35

 5 Students listen to Alexis talking about his bachelor life and answer questions (a–d), choosing words from those suggested. (7 marks)

This question links with AQA Sub-topic 3 Marriage/partnerships, Bullet 3, Staying single: benefits and drawbacks.

Answers:

a *facile; sans problème* (2)

b *détendues; solitaires* (2)

c *actifs; fatigants* (2)

d *content* (1)

CD 2 track 34   **p. 152, activité 5**

Pendant la semaine je suis obligé de me lever à sept heures. Je me douche très vite et j'ai pris l'habitude de prendre mon petit déjeuner en m'habillant! Je sors vers huit heures et quart et j'essaie d'attraper le bus de huit heures vingt, ce qui ne marche pas toujours. D'habitude, j'arrive à ma destination à neuf heures moins vingt. Dix minutes plus tard, je commence à travailler. Mon boulot? Je suis programmateur de jeux vidéo, un job qui me plaît beaucoup.

Une fois le travail terminé – normalement à 18 heures – je rentre. Je préfère ne pas prendre le bus, j'aime rentrer à pied pour faire un peu de sport. J'avale un repas surgelé et je passe un peu de temps sur mon ordinateur. Je regarde rarement la télé, mais je lis toujours avant d'aller me coucher.

Le weekend, je sors beaucoup. Le samedi, je rends souvent visite à mes parents et le soir je suis souvent au ciné avec des copains. Le dimanche, je pars à la campagne faire un peu de VTT ou je passe une partie de la journée sur les courts de tennis avec mon beau-frère. Résultat? Je suis toujours épuisé le dimanche soir et j'ai du mal à me lever le lendemain!

J'adore être célibataire parce que ça me permet d'avoir un maximum de liberté. Aussi, je pense qu'avec mon rythme de vie, je ne pourrais pas être un bon père ou un bon mari. Alors, pour l'instant, je veux profiter à fond de toutes les choses que je peux faire. Le reste, on verra plus tard!

---

 6 Students listen to a report on a support network for parents and provide the information required in English. (8 marks)

This question links with AQA Sub-topic 1 Relationships within the family, Bullet 1, Role of parents and importance of good parenting.

Answers:

a *it's not always easy* (1)

b *(sharing experiences with) other parents; (meeting) a professional* (2)

c *(any two of) nutrition; parental authority; the grandparents' role* (2)

d *families experiencing temporary parenting problems* (1)

e *yes* (1)

f *you don't need one, you can just walk in* (1)

CD 2 track 35   **p. 152, activité 6**

Attention tous les parents de la région. Comme vous le savez, être parent n'est pas toujours facile. Ne serait-il pas utile de pouvoir partager votre expérience avec d'autres parents? Vous voulez peut-être aussi rencontrer un professionnel? Ces deux possibilités vous sont offertes grâce à notre action de soutien à la parentalité. L'action s'appelle Espace Ecoute Parents.

Nous organisons régulièrement des conférences-débats sur des thèmes liés à la parentalité, par exemple la nutrition, l'autorité des parents, le rôle des grands-parents. Nous espérons permettre aux parents de s'informer, débattre et échanger des idées. Pour des détails plus précis, veuillez consulter notre site Web.

Nous offrons aussi des consultations gratuites une fois par semaine pour les familles qui sont confrontées à des difficultés parentales passagères. Vous aurez la possibilité de rencontrer un psychologue de l'Ecole des Parents et des Educateurs. Venez avec ou sans vos enfants. Vous serez accueilli par deux professionnels et vous pourrez participer à une consultation individuelle ou rencontrer d'autres parents dans un lieu convivial afin d'échanger des idées et poser des questions. L'entrée est libre. Il suffit de pousser la porte.

Writing

page 152

Planner

Resources

♦ Student Book page 152

---

7 Students choose one of the three questions offered and write a minimum of 200 words. They are reminded to use the list of ten tips in English to help them plan and check their work.

a Students write an article for the magazine *Allo Ados* giving advice to parents of 15–20 year olds, saying what they think the parents should know and how they should react in particular situations.

b Students write about whether they think the ideal partner exists, and how important it is to agree with a partner about everything or whether it is more important to be able to compromise.

You may want to provide students with the following useful expressions to help them get started with question b: *l'argent; le look; les tâches domestiques; les loisirs; la famille; les autres amis; l'avenir; avoir des enfants; la politique; autres choses?*

c Students write about whether they get on better with their friends or their family, justifying their answer with examples.

Oral

page 153

Planner

Resources

♦ Student Book page 153

---

8 Students read two quotes giving opposing opinions of life without a partner. They prepare to discuss five points: what the quotes are about; the advantages of life without a partner; what they think of Inès's attitude; how important marriage is to them; how life as a couple might perhaps change in the future.

Discussing the printed questions should take about half of the five minutes allotted. A further two and a half minutes should be spent on follow-up

questions relating to the Sub-topic of Marriage/partnerships. Suggestions are given below, but it is important to react to what students say and pursue the conversation naturally, rather than simply ask pre-prepared questions one after another.

Possible follow-up questions:

- *Que pensez-vous de l'idée de la cohabitation?*
- *Est-ce qu'il est réaliste de choisir un partenaire pour la vie?*
- *Qu'est-ce qui cause des disputes dans un couple?*
- *A quel âge est-ce qu'on est trop jeune pour se marier?*
- *Quels sont les effets du divorce dans notre société?*
- *Avez-vous des idées fixes sur le rôle de l'homme ou de la femme dans un couple?*
- *Quelle est votre attitude envers les PACS?*

9 Students choose between two AQA Sub-topics – Relationships within the family and Friendship – and prepare to discuss a series of questions on their chosen theme.

Note that a list of discussion questions on the third AQA Sub-topic, Marriage/partnerships, can be found on a Unit 12 Assessment copymaster.

Unit Assessments 10–12 offer additional assessment on the topic family/relationships.